與你的潛意識和解

肯定真實的自己，開啟幸福人生

あなたは、あなたなりに生きれば良い

加藤諦三——著　周奕君——譯

前言

覺察並接受自己的「潛意識」，活得更快樂

在這個世上，客觀來說有著順風順水的人，也有逐漸變得不幸的人。然而在這些逐漸變得不幸的人當中，其實只要稍微改變看待事物的立場，也會有許多人因此變得幸福。可是對於人們來說，即便只是「稍微改變」，也不容易做到。

對於這種「無法稍微改變看待事物立場的障礙」，德國心理學家暨精神病學家卡倫·荷妮（Karen Horney）稱之為「內在障礙」（inner obstacle）。

即便沒有「外部障礙」，人們在潛意識裡「內在障礙」的影響下，就會連一點點轉換思考的空間也沒有。

能不能做到「稍微改變看待事物的立場」這件事，決定了人的一生，換言之也就是，人的潛意識決定了人的一生。

◆人會捏造「情感」

人們會抱怨：「好辛苦」「好難受」「好受傷啊」。

可是，「好辛苦」這句話裡真正想說的並不是「好辛苦」。

當人們說著辛苦、難過、受傷了，其實內心深處正在批判他人。

因為無法直接批判對方，只好間接透過「好辛苦」來表達不滿。

當然，人們本身並不會察覺。儘管在潛意識中帶著批判、責備的態度，意識領域依舊只體認到「好辛苦」。

表面上喊著「好辛苦」，正是一種責備他人的手段。

他人讓自己感到痛苦的時候，我們可以很快察覺到他人正在妨礙我們的幸福。

一旦換作是自己成了自己幸福的妨礙者時，我們反倒難以察覺。

因此，並不是他人讓我們痛苦。

只要沒有察覺到這種痛苦的生活方式正是自己選擇的，那就算活過一生也無法獲得幸福。

然而棘手的是，這樣的選擇正源於我們自己的潛意識。

◆那些潛意識裡「死也不願放下痛苦」的人們

在世人當中，「潛意識」裡藏著「死也不願放下痛苦」心理的人相當多。當然，其本人並不會察覺這樣的想法，就算周遭的人告訴自己也不會承認。

我二十多歲時寫了《我有我的生存之道》（暫譯。《俺には俺の生き方がある》）這本書之後，聆聽人們許許多多的煩惱超過半世紀之久。就算在這半世紀以來，我的廣播節目《電話人生諮詢》（テレフォン人生相談）的聽眾當中，也有很多人在潛意

識中「死也不願放下痛苦」，而且那股執著出乎意料地驚人。

當然，這些聽眾並沒有覺察自己的「潛意識」。

也不認為自己正緊抓著當下的痛苦不放。

假使自己可以意識到「死也不願放下痛苦」這樣的潛意識，相信大多數人就能從此打開幸福的道路。

而這些潛意識中「死也不願放下痛苦」、執著於痛苦的人們，願意自問「執著於痛苦的自己，究竟是要保護什麼？」的時候，就能走向前往下一階段的道路。

「我的內在障礙是什麼？」

思考這個問題，正是開啟幸福之鑰。

跨越你的「內在障礙」，這就是本書的目的。

加藤諦三

目次 Contents

2 為什麼你「無法向前看」？——覺察你潛意識裡的「憤怒」，獲得人生向前的勇氣

3 為什麼會活出「他人的人生」？——不須要為了「滿足他人的期待」而活

4 為什麼明明很累了卻「不能不努力」？

——覺察你的潛意識，放下「無效的努力」

7 為什麼明明過得一帆風順卻「不覺得幸福」？

——從束縛自由心靈及「看不見的枷鎖」中釋放自己

10 開拓「心的視野」，正念的生存之道
——「加入新觀點」是突破一切困境的關鍵

後記

1

為什麼你永遠「無法改變」自己？

——你的不幸，是你「潛意識」裡的選擇

精神分析學的創始人西格蒙德・佛洛伊德曾悲觀地說：「人總是想受苦。（Men will always want to suffer.）」

但是聽到這句話時，大多數的人可能會想著：「我才不想受苦。」「我想變得幸福。」對吧？

不只是佛洛伊德，卡倫・荷妮也說：「人會緊抓住不幸的情感不放。」也就是所謂的「擴散外化」。人們習慣將內心的心理歷程，投射在外部世界的經驗。

舉例來說，某人內心常會感到無能為力的空虛感，以及難以忍受的生存虛無感。但他並不是直接從自己的人生中體驗，而是透過朋友的死亡或日常生活感受到的。

他對於朋友在社會上的活躍心懷成見，朋友過世後，便說著「終歸一死，社會上的成就地位又算得了什麼呢」，並且為此感到安心。

他還會以這樣的想法來詮釋許許多多其他朋友的人生，來展現自己的虛無感：儘管人生形形色色，到頭來還是「一場空」。也藉此捍衛自己所定義的虛無感，勉強將自己和這個世界聯結起來。

即使如此，大家應該還是會說：「我才不會緊抓著不幸的情感不放。」

然而，不同於身體的疾病，要「正確地」意識到心理上的疾病並不容易。而大多數人通常會錯誤解讀自己的內心。

每個人都有自己能夠理解，以及無法理解的疾病。

發燒到三十九度時，無論是誰都會知道身體生病了；可是心理的生病不一樣。比如成癮（Dependence），也被稱作「否認的疾病」。人們即使患有賭博成癮，也會堅稱「我沒有賭博成癮！」因此在治療賭博成癮的過程中，多半不是本人出席，而是由身旁的人前來諮商。

關於心理疾病，當事人可以輕易地主張「我很健康」。但換作身體的病就不同了。沒有人會發燒到三十九度還宣稱「我很健康」，而且在寒冷的天氣中慢跑吧。

聽到「人總是想受苦」「人會緊抓住不幸的情感不放」這些說法，也許有人會說：「我才不會這樣」。但很遺憾，人就是會這樣。

「人總是想受苦」「人會緊抓住不幸的情感」，儘管自己腦海中並不這麼想，但「潛意識」卻會這麼想。

雖然佛洛伊德及卡倫・荷妮紛紛提出主張，但很多人還是不認為「人總是想受苦」。無論人們保有多少自覺，依舊不會覺察到潛意識裡想受苦的念頭。

然而，只要無法覺察在自身「想變得幸福」的願望之下，藏有想受苦的潛意識，人生就無法獲得幸福。

◆關注內心深處「真實的痛苦」

任誰都不想受苦，自己當然也不想受苦。即便如此，自己卻還是會出乎意料地堅持受苦——一旦能覺察這件事，世界就會改變。不過，身陷痛苦的人們並不會承認。那是因為自身無法理解這種緊抓著痛苦不放的行為，也無法理解那正是所謂想變得幸福的生存本質。

許多人在心中懷著「想變得幸福」的心理期待，卻不去做相應的努力，只是幻想著自己能變得幸福。

「我不想受苦，想變得幸福」這句話，不就和想生火又想躲開煙是一樣的道理嗎？

若是以卡倫・荷妮的話來說，這正是「精神官能症式的要求」。

這樣的要求既不切實際且又自我中心。

事實上，如果能夠覺察自己「想逃避內心矛盾」的潛意識，世界就會改變。

覺察之後，接下來就要開始認真思考「為什麼自己要執著於當下的痛苦」，這樣多少就能窺見內心深處的自己。若能誠實面對內心深處最真實的聲音，人生就能改變。

當然，這非常困難——

一直以來過得那麼痛苦，可是自己所要守護的事物到底是什麼？

那些事物真的擁有值得守護的價值嗎？

說不定，根本就不值一提、一點意義也沒有？

不對，說不定還是對自己有害的毒藥？

我只不過是沉浸在自己的妄想當中？

「我一直以來就抱持著錯誤的認知？」也許不過如此？

到底是說出「人總是想受苦」的佛洛伊德很奇怪？還是自己真的誤會了什麼？

倘若能夠直面自己「潛意識」中內心深處的矛盾，所有的疑惑都將迎刃而解。

◆捨棄「人生可以按部就班變得幸福」的幻想

有些人並不認同佛洛伊德和卡倫・荷妮所提出的「人們總是想受苦」「人們會緊抓住不幸的情感不放」這樣的觀點，這是因為那些人對於自我人生的要求並不切實際，同時漠視了眼前的現實。

這世上應該也有出生後身心遭受虐待，打從心裡吶喊著「想變得幸福」的人吧？對他們來說，肯定無法想像潛意識裡居然會存在「想受苦」的念頭。

然而，人生並不是只要按部就班就能變得幸福。

這一點很重要。

只不過很多人會陷入所謂幸福方程式的「錯覺」中。

人們本來就會感到害怕、畏懼及擔憂——這是人生的現實。

即便如此，那些人卻對於「不要害怕你的生活」深信不疑。認為人生「不應該」讓自己心生畏懼。

他們的人生觀從本質上就出現了謬誤。

他們依恃著自我中心且無視現實的人生觀而活。儘管身體長成了大人，內心卻仍無法自立，以為所有人都「應該幫自己推搖籃」。

也因此，他們未必能覺察自己錯誤的認知，就算開始有所覺察，潛意識也會產生抗拒感並且拒絕承認。

到頭來，比起接受「人生並不是按部就班就能變得幸福」，並且努力生存的人，活得任性且一貫自我中心的人生只會令自己失望。

世上的人當中，有的在母愛中茁壯成長；有的則被冷漠的母親埋怨「沒生下你該多好」，並在受虐中長大。

有些人在父親的鼓勵下變得獨當一面；有些人則被父親挖苦：「你活著真沒用」，自身價值也遭到全盤否定，成長過程中，身心都籠罩在暴力之下。

有些人甚至認為自己一旦離開父母，父母肯定活不下去，於是繼續承受家人的施虐，在虐待中煎熬度日。

有些人能夠熬過猶如地獄的試煉存活下來；也有些人在愛裡溝通成長。

每個人出生之後，各自背負不同的命運。

主導自己的命運，正是活出自己的人生。

◆你無法改變自己，是因為「你決定不改變」

人會誤解自己內心的想法。在此舉例向各位說明，人的意識與潛意識的差異。

這是某本書中提到，一位名叫傑的毒癮患者的真實故事。

傑和母親相處時，不知為何總覺得不快樂，生活鬱悶極了。他的人生也過得不順遂，還曾自殺未遂。於是他開始吸食海洛因。

後來他進了醫院。他害怕若自己回紐約找母親，會重拾藥物成癮的悲慘人生。因此他暗暗下定決心，出院時要去加州找父親。他在出院前三週寫了封信給母親：

我的父親在加州，我的母親在紐約。

然而，他違背了自己原先的計畫。離開醫院時，他有意識到要去加州找父親。但他卻在潛意識的驅使下，回到紐約的母親身邊。當然，他並沒有發現這一點。最終他無視其意識的判斷，返回紐約找母親。

無論他腦中作何打算、說了哪些話，一旦「我不想改變」這件事仍深植於他的潛意識裡，他就會拒絕改變。

人只要無法意識到自己的潛意識，就無法戰勝潛意識。

傑回家之後，發現他的母親已經和新男友同居，只好去和祖母同住。沒多久，母親和男友吵架分開，他又回到母親家。很快地他又變得和過往一樣的寂寞、自憐，也再度接觸毒品。

沒有什麼特別的原因，這就是母親與兒子之間自戀型虐待的創傷束縛。傑在祖母家時，會去工作並且建立起良好的人際關係，可是一回到母親家就會開始濫用藥物。

要和心甘情願想守護的人或是羈絆最深的人分離太痛苦了，所以做不到，於是再次籠罩在愁雲慘霧中。

◆「總是徒勞無功的人」是把力氣浪費在不對的地方

我們內心有一股「阻礙自身成長的力量」。無論那股力量有多強大，我們都難以覺察。也就是說，我們難以覺察潛意識裡強烈的「退行欲求*1」。

這是精神官能症傾向較強的人最大的問題。

不幸的人會把力氣浪費在不對的地方。

甚至是浪費在抹殺自我上頭。

人們若能意識到這一點，才能真正踏上幸福的道路。

眼前的世界也將變得更為和睦。

佛洛伊德曾指出，試圖將「潛意識」引至意識層面，會引起心理保衛機制的抵抗。

然而因這股驚人的抵抗力道陷入苦惱的人們，本身卻毫無覺察。

這本書將帶領你正確理解內心領域，以及潛意識深處那股「阻礙成長的力量」。

也有精神官能症傾向較強的人會有所意識，並且真心想治好自己的精神官能症。

然而，想治好病的想法只是「表象」。

舉例來說，愛鑽牛角尖的人想要改善自己容易想不開、鑽牛角尖的個性。

但這只是表象。口中說著要改善個性，其實並未打算釋放出真正隱藏在潛意識裡的憤怒。

因此問題其實在於自己什麼都不想改善，卻期望達到改善的結果；飲食上毫無節制卻喊著不想變胖；想瘦身卻從未調整飲食和做運動。

腦中一直想著「我真的想改變」，而「我真的想改變」的念頭，也確實就此停留在意識層次了。

想和大家和睦相處，卻改變不了自我中心的人格特質。

總是認真要醫生盡快治好病痛，接下來卻說「可是我討厭手術」。

如果能理解到「我的內心才是問題癥結？」前方的道路就將會倏地鋪展開來。

---

*1 譯注：加藤諦三曾在著作中提出：「人生只有兩條路可走，一是選擇成長欲求，否則選擇退行欲求，沒有中間路線可走。」退行欲求指的即是人們退回到缺愛的心理階段，同時不斷找尋、索討愛的行為模式。

即便意識上認為是在展現正義感，也可能只是潛意識裡的復仇心理。

「我這麼認為」和「我真的這麼覺得」在意義上全然不同。

只要願意去覺察，就能推動停滯不前的人生。

「如果人們想追求自立，不想因為過於敏感而受傷，或是想被他人喜愛，就必須改變自己對待自己的態度。但人們潛意識裡會拒絕去理解這些事。」

希望各位能透過閱讀這本書，了解你的潛意識裡所拒絕面對的事。

2

為什麼你「無法向前看」？

——覺察你潛意識裡的「憤怒」，獲得人生向前的勇氣

美國心理學家喬治・溫伯格（George Weinberg）曾在著作中寫下一段詩句：

「對名聲的謳歌，即是對愛的飢渴。」

以為自己致力追求的是名聲，真相卻是在潛意識裡對愛的渴求。

意識中追求名聲的欲望，在心理防衛機制「反向作用」*2之下愈是強烈，藏在潛意識裡的就是愈深的自卑感。

真正擾亂內心的，其實是「反向作用」對名聲的渴望。可是就算獲得極高的聲望，也不會有饜足的一天。相反地，一旦得不到名聲，就會帶來更深的失落感。

抱著「企盼拯救人類苦痛」這類的彌賽亞情結*3以及不合常理的期待，正是因為潛意識裡感受到相應的極度自卑感。

過於膨大的自我形象，也是存在於潛意識裡極度的自卑感所驅使的反向作用。

野心勃勃的人之所以無法放鬆下來，是因為他們無法接受「現實中的自己」。

拚命過頭而忽視身體健康。過度追求掌聲，以至於連幫助自己的人都視為敵手。

為什麼會擁有如此強大的野心？

因為「感到自卑。不甘於沒有名聲、財富與權力的人生。」

他們總覺得痛苦。就算他們想擺脫痛苦，潛意識也會成為他們追求新人生的阻礙。不知不覺，自己就成了自己追求前方幸福的絆腳石。

倘若自己未能覺察、認知到潛意識裡的阻礙，那人生追求再多都得不到幸福。不須要成為自己以外的人，且明白你就是你自己，不和他人比較，為了充實人生而踏實地努力不懈。

如此一來，你就不會深受焦慮與緊張所苦。

◆「隱藏起來的情感」會以痛苦的形式表現出來

憂鬱症患者那強烈的自我憎惡，其實正是對身邊的人強烈的憎惡。

如同佛洛伊德指出：「分析憂鬱症患者後可以得知，嚴重的自我批判或強烈的自

---

*2 譯注：Reaction formation，指人對自身潛意識的需求與欲望傾向採取相反的行動，也就是實際表現於外的行為與其內心深處動機正好相反。

*3 譯注：Messiah Complex，也就是救世主情結，弱者在感到無助的情況下將希望寄託在一個英雄、聖人，或是一名獨裁者身上。

我輕蔑等特質，但本質上即是想將矛頭瞄準對方，並表現出向對方復仇的心理。」

有些人飽受憂鬱所苦，原因就出在隱藏起來的敵意和憤怒。但是憤怒隱藏在潛意識裡，因此人們不容易意識到自己的憤怒。

於是那些不知為何痛苦的人們，就會整日活在痛苦之中。

自己真正憎惡的是自己周遭的人們。只要一天沒發現這一點，無止盡的憂鬱就依舊會如影隨形。

卡倫・荷妮認為，憤怒會以三種方式表現出來。

首先是「身心不適」。具體來說包括容易感到疲倦、偏頭痛和胃部不適等症狀。

再來就是「復仇心理」。

最後是「炫耀痛苦」。比如嘴上不住叨唸著「好受傷」「好難過」這類抱怨的話語。

我在前言提過，人們平常嚷嚷著「好受傷」「好難過」，這即是內心憤怒的展現。

對人們來說，喊出「我好痛苦」只是憎恨的間接表現。

卡倫・荷妮也說：「痛苦是種責備他人的手段。」

對於痛苦的人來說，痛苦其實是種自我撫慰的方式。因為痛苦本身就是表達憤怒的手段。

於是，憤怒會戴上各式各樣的「面具」登場。

而愈是不合乎情理的「憤怒」，為了強調其受害感，愈會表現出明顯誇張的情緒。

然而，不只是「正義」會成為憤怒的面具，「痛苦」也會。

在溝通分析（讓人內心舒暢、行動順暢的心理學）理論*4中，慢性不適情緒被稱作球拍，是一種炫耀痛苦的手段。炫耀痛苦在本質上就是攻擊性的間接表現。

人們經常誇大自身的痛苦，好去影響身旁的人。

*4 Transactional Analysis（TA），由美國心理學家艾瑞克・柏恩（Eric Berne）於一九五〇年代提出的人格理論與系統心理治療方法。

此外，攻擊性會戴著名為「痛苦」的面具登場。

比如「失眠症」的面具。

並非「睡不著」就叫做失眠症。當人們因長期處在睡眠障礙而感到苦惱，睡不著才會成為失眠症。

有些人深陷於失眠的困擾，有些人則沒那麼在意。

前者是因為這不單單只是睡不著，而是一種病。

有些人會不斷抱怨，而不斷抱怨正是間接表現出隱藏的敵意或憤怒的手段。

潛意識裡壓抑的憤怒或敵意，戴著名為疾病的面具登場。也就是那些異乎尋常熱愛細數身上不適的人。

無休止的抱怨正是憤怒的間接表現。

因此，就算身旁的人安慰他「嘆再多氣病也不會好喔」，那些人也不會停止抱怨。

抱怨正是那些人表達情緒的方式，因此光是想要他們不抱怨也是沒用的。只要內心還有無法直接說出口、隱藏起來的憤怒，他們就依舊會繼續抱怨。

不過，抱怨也是一吐憤怒苦水的管道之一。一舉宣洩累積的負能量，反倒會讓人更痛快。

即便現實生活中是同樣的不順遂，但伴隨而生的內心苦惱卻因人而異。

不幸是一種偽裝後的憎恨。藉由自己不幸的事實來向他人報復。這是因為耽溺在不幸中的人，除了陷在不幸中打轉，沒有其他表達憎恨的管道。

透過向周遭所有人展示自身的不幸，找到了憎恨等情緒的出口。

「我好不幸」這句話真正的意思其實是「我很憤怒」。

◆為什麼人們「不斷煩惱」？

古往今來，人們常說：「不要老嘆氣，遇事想得開。」

在過去，美國牧師兼作家諾曼・文森・皮爾（Norman Vincent Peale）被公認為最早提倡積極思考重要性的名人，但是五十年來擔任聖職人員的他卻說，使徒保羅早已不斷提醒人們這類思考的力量。

也就是說，所謂「積極樂觀的思考」是西元前古人就有的心態，而非近代才出現的言論。

然而即便數千年過去了，人們內心「隱藏起來的敵意」，依舊讓人們無法保持積極樂觀，反而呈現不具建設性的消極心態。

「積極樂觀的思考」正是我們的「成長欲求」。可是並非所有人都會順著成長欲求來生活。

和「成長欲求」相互矛盾的是「退行欲求」，這類欲求存在於我們的潛意識裡。

這也是為什麼人們總是不斷煩惱。

比起努力解決問題，抱怨問題本身在心理層面上遠遠輕鬆得多。

因為要解決問題，人們須要有所自覺，也須要更積極主動。

但是，抱怨問題並不須要自覺或積極主動，只要高喊著不滿，就足以滿足「退行欲求」。

所謂退行欲求，即是滿足當人們遇到問題想逃離責任感的欲望。簡單來說，就像退回到能夠全然信任母親、安心且任性的幼童狀態。

人會因為「成長動機」而行動，也會因為「退行動機」而行動。相比之下，出於退行動機的行動在心理層面上遠遠輕鬆許多。

所以人們總是在抱怨，而非解決問題。不過相較之下，順著退行欲求大肆抱怨的人生可能更為愜意。

不斷煩惱的人大多會順從自身的退行欲求，因此也缺乏應變能力。

再怎麼建議這些人「積極樂觀的思考吧」，也是沒有意義的。這就像是對酒精成癮的患者說「別喝酒了」是一樣的。

「積極樂觀的思考」是意識領域的思考；而這些人的潛意識領域卻是「無時無刻想受苦」。

於是「無時無刻想受苦」的人就會更加執著於自身所遭受的痛苦。

精神官能症傾向較強的人會異常堅持這樣的立場。

因為從孩提時期起，「做自己」的態度就不被周遭所接受。

雖然並不容易，但是當哪天自己的能力獲得了外界的認同，就能獲得拯救。
可是這依舊不是「做自己」。
資質、發展和實力都完全沒有人看到，因而灰心不已。
就此活在不接受你「做自己」的人際關係之中。
不曾看見自己與生俱來的存在價值，也未曾感受到自己與生俱來的存在價值。
到頭來，連自己也否定了「做自己」的態度，繼續咬牙過著受苦的人生。
而一次又一次否定「做自己」，也會逐漸削弱「做自己」的價值感。

◆「改變自己的態度」

對於人們的幸福來說，最重要的不是意識，而是潛意識。
有些人打小就覺得自己是不被認同的存在。
而這段不被認同的過去，會形塑出悲觀看待眼前生活的自己。

如果養大自己的是懷有極度自卑感的親人，或是精神官能症傾向較強的親人，潛意識裡就會出現「我是被討厭的」這樣的感受。

覺得這世界對自己並不友善，自己也成為了對世界不友善的人。

這也會導致自己無法「積極樂觀的思考」，而是「無時無刻想受苦」。

懷有極度自卑感的人會「扭曲對現實的認識」。

即使在積極樂觀的現實生活中，依舊會覺得「每天過得很辛苦」。

為了自己「改變態度」。

不是以批判的眼，而要用充滿好奇心的眼神神投向人群和世界。那才是開啟成長的鑰匙。

因為內心感到格格不入，所以要學會安放自己的內心。

要想改變目前的人際關係，就要為改變做好準備。

要重新看待這個世界，身體和心靈都要動起來。

也許哪一天，無論境遇如何，自己都能看見那透著微光的所在。

而那正證明了一直以來努力活過艱苦人生的自己。

過度拒絕面對現實，但卻仍渴望消除自身苦惱的是精神官能症患者。

然而，除了直面現實、直面內心深處的潛意識之外，沒有任何方法可以消除人生的苦惱。

回顧過去的自己，到底做了哪些事？或是沒做哪些事？

然後就會覺得「其實現在過得還不錯呢」，而變得積極起來。

或許從此以後，可以不再總是埋怨「每天過得很辛苦」，而是想著「我想開心過每一天」。

◆只要「好好地看見」內心的狀態……

人無法接受「對自己感到失望」這個事實。

舉例來說，人們為了從潛意識裡的「絕望感」移開目光，會努力追尋權力、財富或名聲。儘管累壞了身體也會繼續努力，就算痛苦不堪也會持續努力。

即使肚子都痛到不行了，還是孜孜矻矻地繼續努力。

明明知道不須要努力到這種地步，卻不能不努力。這是一種強迫行為，就算已經不想再努力了，還是不能不努力。

自己很清楚為此傷害身體、甚至到危及生命一點意義也沒有。然而不知為何，仍超乎常理地繼續工作著。

這些人究竟害怕什麼？

是對什麼感到如此焦慮不安？

當然，當事人完全不會意識到這點。

他們潛意識裡真正恐懼的是心理自立，而且一直在內心壓抑著恐懼。

所謂心理自立，指的就是做你自己。

美國偉大的精神醫學權威大衛・西伯里（David Seabury）認為，人生在世唯一的義務就是「成為你自己」，並主張「唯有相信你是自主的，除此之外再無其他」。

這意味著那些不斷煩惱的人，並未覺察到自己在「做自己」這件事上是失敗的。這些人始終沒能覺察到，正是因為活得不像自己，自己才會變得如此苦惱。另一方面，他們的內心卻仍渴望著自立。這樣的矛盾源於潛意識裡的衝突。這樣的矛盾其實是內心最深層的焦慮。

痛苦不堪的人們並沒有發現潛意識裡對於心理自立的恐懼，沒發現這股隱藏在內心裡的衝突。

雖然我們原本就難以覺察潛意識，但也因此常會忽略伴隨而生的絕望感。而且也全然未覺這股絕望感正在控制自己。

對自己產生的絕望感當中最重要的一部分，就來自於心理自立的失敗。當然，他們枉身並不會發現自己的失敗。

重要的是，這些人沒有發現自己其實很恐懼心理上的自立，而且將這股恐懼一直壓抑在心裡。

倘若能覺察這些隱藏在「潛意識」裡的恐懼，人生的道路將會變得更加寬廣。

不再害怕那些根本不須要害怕的事物，同時擁有對抗恐懼的勇氣，連健康也將能獲得改善。

3

為什麼會活出「他人的人生」？

——不須要為了「滿足他人的期待」而活

不斷煩惱的人不願正視潛意識裡的絕望。因此他們不僅不了解自己，也不了解身旁的人。

有些人打從小時候開始，就承受著來自雙親以至於周遭人們傷害自己的舉動或言語，並因此變得絕望。而這群受傷的人們卻從未發現到自己內心的絕望。

擁有適當且實際目標的人，潛意識中沒有虛無感。擁有目標的人不會感到虛無，也不會對自己感到絕望。

相較之下，那些不願正視潛意識裡絕望的人，卻會受到不切實際的虛榮心所驅使。

對於這些人來說，最該正視的問題明明是「解決內心的衝突」，但現實中的自己卻完全不把這當成一回事。

那是因為現實中的自己對於「內心的衝突」束手無策，一旦腦中浮現解決「內心的衝突」的想法，反而會成為現實中自己的阻礙。

因此這些人就會開始厭惡現實中的自己。

人之所以會自我厭惡，原因通常來自基本情感需求的匱乏，以及缺乏衝撞自身命運的勇氣。

長期身心狀態不佳、深陷煩惱的人，會在潛意識裡累積起超乎自己想像的憤怒。那些讓人難以想像的巨大憤怒會就此蓄積在內心深處。

這股執著是種逐漸膨脹的自我形象。而這一切源於自身不願面對內心衝突的真相。

真相同樣來自於他們內心深處的自我輕視，因此才需要名聲地位來「榮耀自我」。因為想成為的自己和「現實中的自己」有著相當的差距，所以才不願面對潛意識裡自我輕視的真實想法。

正因為對原本的自己感到失望，所以才會緊抓住「榮耀」不放。

相對地，一般人的內心並不會對自己感到如此深沉的失望。

◆換乘「正確的小舟」，不管幾次都可以

人在每日的生活中，無論是嘗到屈辱或是覺得丟臉都可說是家常便飯。而屈辱感會埋藏在潛意識的記憶中，就此被壓抑在心底。

不斷壓抑的結果，自己就會變得焦慮不安，無法放鬆下來。

孤獨、不安及焦慮等情緒會在潛意識裡累積得愈來愈多。

因此會想藉由與他人比較取得優越感，讓自己安心，但卻也就此乘上錯誤的小船。也就是踏入了讓自己感到焦慮，而且可能並不擅長的領域，然後在不擅長的領域勉力鑽營。比起「哪個領域能讓自己發揮與生俱來的才能」，更在意「哪個領域能讓世人感到敬重或具權威感」。

這樣的人生很疲憊，活著也變成了一種苦差事。可是也沒想過要轉換跑道，改乘上另一條小船。

只是執著於眼前這條錯誤的小船。

但這是一條失去方向的航道，而那膨脹的自我終究會走向破滅。

有人或許會問，為什麼不乾脆跳去一條適合自己的船？

唯一的阻礙就是那「扭曲且自以為是的價值觀」。

正因為那樣自以為是的價值觀，就而無視於隱藏在內心的絕望感。

人本來就是從絕望中解放並感受希望之際，才能真正走向成長。

如同美國心理學家羅洛・梅（Rollo May）所說的「擴大意識領域」，增加不同的視角、結交心靈相通的友人，就可以發現從未看過的風景。

然而，有些人從小就不容易對身旁人們的遭遇感同身受，也因為缺少溝通交流，無法站穩人生的根基。就這樣，在人格未發展成熟、自我認同也尚未確立的情形下，執著於扭曲的價值觀。

◆「勉強自己」是巨大的災難

儘管在不擅長的領域努力不懈，卻因為活得不像自己，內心逐漸產生深刻的自我懷疑。但是，人不會意識到各種困擾內心的問題。於是在對於內心不斷懷抱著疑問且對自己一無所知的情況下，痛苦而努力地活著。

其實自己並沒有做錯事，只是誤以為自己正在做一件了不起的事罷了。

這些焦慮不安的人當中，大多是從小就捨棄了自己的意志與願望，順從養育者的意志而活。

有時在社會上會看起來適應得十分良好，但其實精神層面早已崩壞。不只是心理出了狀況，一旦在社會上遭受挫折，人生也將就此消沉而陷入困境。

然而，表面上看不出像這樣的心靈崩壞。

無論是自己或是身旁的親友，都不會覺察到自己在內心不斷的自我質疑且感到焦慮不已。

但更重要的是，施虐癖（sadism）就會自此從名為絕望的心理土壤中孕育而生。

這些人在社會上表現優異，或有可能是大眾眼中傑出的官員及成功商界人士，然而其在公司說不定以折磨或霸凌部屬為樂；回到家裡則可能是家暴慣犯，成為了家庭的不定時炸彈。

這些外界眼中卓越的成功人士，內心其實充滿了挫折感。

這些人做夢也想不到自己竟然會成為施虐者。他們內心依舊自我膨脹得目中無人，不可一世。

那些過得順風順水、平步青雲的人們只不過遭遇到一點微不足道的失敗，就會感到晴天霹靂，甚至沮喪到選擇結束生命。

一些在社會大眾眼中得天獨厚、擁有豐厚資源的大企業經理人或地方公務員，也會出乎意料地罹患了憂鬱症。

失敗之所以會造成如此巨大的影響，正是因為自己無法滿足於現今人生的緣故。

另一方面，倘若能在自己擅長的領域努力，即便遇到難關也能一一克服。

人們待在擅長的領域時，內心會是滿足的。失敗不再是失敗，也不會因失敗而心灰意冷，反而會更充滿幹勁。

相較之下，無法做自己的人生，在面對失敗時會變得焦慮不安。

人們不知道的是，「自我異化*5」的人在面對失敗時的恐懼。

自我實現者的失敗和自我異化者的失敗，兩者之間的意義截然不同。

不僅如此，對於失敗的人的內心衝擊，以及周遭影響也全然不同。

人尚未出生時，母親的子宮會賦予全面的保護與安全感。緊接著，嬰兒離開樂園般的母體，走上「個性化」的道路。

發展個性化的過程中，潛意識領域會開始湧現孤獨與不安感。自己孤單一人什麼也做不了，為了逃避無力與不安的心理，人會容易出現遷就、迎合的心態，甚至會形塑出「討好型人格」。

就像酒精成癮患者不能不喝酒一樣，擁有「討好型人格」的人也無法停止去「討好」別人。

也就是說，這是一條放棄自我、順從他人以求安心的道路。很多人選擇踏上這條路，並在社會中如魚得水，成為了眾人眼中頗富成就的社會人士。

然而，如同美國心理學家羅洛・梅所說，這也將導致「放棄自我的強大與同一性（identity）」。

*5 譯注：自己疎外，德語：Selbstentfremdung，由德國哲學家黑格爾所提出的概念，指人的本質出於某種原因遭到剝奪，造成人性剝離或喪失的現象。而「異化」又可區分為：無力感、孤立感、無意義感和自我疏離。

因此，這些人無法再感受到自身存在的重要性。

害怕被討厭的恐懼感一天比一天強烈。

到頭來無論面對誰都一味討好，就像是一種「現代的傳染病」。

當然，也有些人不是採取迎合的態度，而是會形成攻擊的性格，一焦慮就任意攻擊旁人。

◆為了得到「覺得自己有價值」的「安心感」

現在很多人都說需要「被討厭的勇氣」。但其實需要的並不是被討厭的勇氣，更精確地說應該是「走出自己的路的勇氣」。說是勇氣，或許稱做「能力」更貼切。

要活出有意義的人生，需要的是「走出自己的路的能力」。

「無力感」和「依賴」是人類的宿命。

所以人需要能戰勝宿命的勇氣和能力。如此一來，人格獲得統合，心境變得充裕，能理解到自己應該去做的事，那才是有意義的人生。

與此相對的人生則會陷入停滯，隱藏自我，選擇服從，扮演著好學生的角色來適應社會，而且會因為「放棄我執與同一性」，慢慢不再感覺自己是重要的存在。

羅洛・梅在著作中寫到：「當你失去了內在力量（inner power），你將會變得多恐懼？」說的就是這樣的結果。

阿道夫・希特勒上台後，希姆萊（Heinrich Himmler）成為納粹親衛隊首領，他幼時服從父親，長大後服從希特勒，是當時納粹德國備受愛戴的政治領袖。然而他殺了無數的猶太人。他一貫的無力感以及對力量與控制的渴望，讓他變成一名施虐者。

希姆萊不斷殺人，卻依舊無法獲得滿足。

出色的社會人士、施虐者、自我異化者，正確理解這些特質之間的關聯，是踏上豐足人生所必經的道路。

社會中有許許多多的「小希姆萊」。無論家庭、學校甚至是職場，永遠存在著霸凌，以至於各種形式的暴力。

在人們眼中形象良好的人，卻會被一些小事激怒。不得已一定要壓抑住憤怒時，就會變得沮喪不已、灰心喪志，遲遲走不出低迷的情緒。

情緒彷彿沉入水底浮不起來，逐漸失去了活力。

這樣的心理狀態，正是人的內心走向崩壞的證據。

為什麼會因為微不足道的耳語就變得如此沮喪？為什麼總是感到悲傷難耐？身邊的人完全無法理解。

讓旁人一臉驚訝的事，他們卻一臉稀鬆平常。

他人眼中無關緊要的小事，甚至微不足道的失敗，卻會深深刺激著自我異化者內心的絕望感。

他們用盡一切努力，逃避直面潛意識裡的絕望感。

而一直以來，他們經由建立權力與名聲等各式各樣的方式來逃離直面絕望感，多少達到了成效。

不斷煩惱的人會無視對自己的失望，會轉頭不看情感中的絕望。為了不去感受那些危險的情感，一定要做「某些事」才行。這就是強迫性思考。無論如何，他們都要維繫對外的自我形象。一旦自我形象被傷害就會感到憤怒，而無法宣洩憤怒時則會變得悲傷。

正因為不想讓手槍對準自己，所以「一定要做某些事才行」。而那把對準自己的手槍，就是他們內心「危險的情感」。「危險的情感」會將潛意識逼到絕境，眼看著就要意識化了。

絕對要阻止這種事。內心那種「阻止它」的想法無法停止。舉例來說，成功前的努力、致富和取得權力，其實都會受到強迫性思考所驅使。

不做「某些事」就無法生存，但心理健康的人則是不做「某些事」也可以生存。生存之必須，賴以為生之必須，這就是精神官能症傾向較強的人和心理健康的人之間的差異。

◆潛意識裡「對自己感到絶望的人」的口頭禪

有一位大學教授，他在專業領域中做不出好的研究，只好將「自己對於研究領域沒有貢獻」的念頭全數趕出腦海。

從此以後就沉浸在自己創造的記憶宮殿中，成了一名精神官能症患者。

這位教授很清楚自己在學問領域上是個失敗者，所以對外總是宣稱「學問這種東西算什麼」。

研究很重要，但自己卻毫無貢獻，所以是個失敗者。因此一定要趕跑這些想法。

「試圖從意識中排除某些思考的行動，反而會讓這些思考存續下來，同時保留想排除思考的整體印象。」

比方說出於捍衛自卑感而批評他人，覺得別人都是笨蛋，而不願正視別人給自己的評價。

為了壓抑內心對自己的失望，所以要批評別人。

為了讓自己看起來很厲害，強迫自己追求名聲。然而過度的努力並沒有意義，依舊消除不了內心深處的絕望感。

社會上有一種人叫做「身分營謀者」（status seeker）。他們為了逃避自己的無力感，會持續不斷地追求名聲地位。

也就是喬治．溫伯格口中「任何形式的強迫性行動」。

「行動本身會受到世界觀所驅動，卻也重現了自己的不適格感。」

逃避職場上的競爭而靠向家庭，搬出家人的感情作為防衛。

堅稱「在社會上再怎麼功成名就也沒有意義」，同時大聲嚷嚷著「家人才是最重要的」。

然而愈是強調這些論調，只會更加深潛意識裡對於職場的自卑心理。

被稱作「怪胎」的人當中，這樣的人很多，其特立獨行的舉止也超乎了尋常的評價標準。

奧地利精神科醫師華夫（Beran Wolfe）將這種「獨自性的主張」視為一種精神官能症。

執著於自身的「特立獨行」，執著於排拒以社會上一般的價值標準來評價自己。工作狂等類型的人其實也是如此。酒精依存症患者和工作狂也有著同樣的心理狀態，為了逃避直面絕望感而寄託於酒精和事業上。

4 為什麼明明很累了卻「不能不努力」？

——覺察你的潛意識，放下「無效的努力」

人為了克服內心的焦慮而不斷努力，反而會變得愈來愈焦慮。然而問題並不在於「努力」本身，而是「努力的動機」。

造成內心愈來愈焦慮的努力動機是：「想要獲得超乎他人的優越感和能力」。人們為此不斷努力，然後就會變得愈來愈焦慮。

不甘心的時候、難過的時候、痛苦的時候，就會忍不住反覆問自己：「為什麼會這樣？我明明都這麼努力了。」

又會忍不住思考：「我這麼努力得到了什麼？」當你能夠理解到這一點，就能找回屬於自己的道路。

倘若能覺察「想要獲得超乎他人的優越感和能力的努力」時潛意識裡的衝突，前方的道路將會變得豁然開朗。

人們只要無法完全自覺，就會受到潛意識的需求所驅動。

在別人眼中，也許會納悶「為什麼淨做這些愚蠢的事」；但若站在當事人的立場，就會知道那些不合理的情感讓他們別無選擇。

卡倫・荷妮將這種心理稱之為「情感盲目」。

並指出，「情感盲目源於潛意識的需求」。

然而這種無效且「有毒」的努力，反而會無端消耗可能改變自身命運的力量。

「毒品必須為了讓人們只能毫無助益地被剝奪可能改變自身命運的力量這件事，負起完全的責任。」

不只是毒品會削弱人們可能改變自身命運的力量，人們強迫性地追求名利地位，也同樣是毫無助益地消耗自身的力量。

一味主張獨自性，卻並未設定好適當的目的，並且賦予相應努力的人也一樣。「活著的那個你並不是你」就和濫用藥物一樣。潛意識正在浪費這股寶貴的力量。容易煩惱的人就會招致自身命運的悲劇。

「做自己」可以衍生出自我肯定感、邁向成長的企圖心，以及生存的力量。然後能夠將這股力量有意義地運用在人生上。

正因如此，美國心理學家大衛・西伯里指出，人唯一的義務是「成為你自己」。同時主張，「除此之外沒有任何義務，只要記住你擁有你自己」。

關鍵並不在於別人如何看待你，而是你是否能夠確認你做的就是你自己。

也就是確認「自己人生中真正想做的事」。

而那些無法成為自己的人，無論愛或誠意都是虛假的。

那些無法成為自己的人在虛無感的驅使下，只能透過與他人的連結刺激自己的人生；又基於自身的無力感，會展現支配他人的渴望，戴著以愛為名的面具成為施虐者。

而且可怕的是，他們並不會發現自己是一名施虐者，或是即使察覺了也不會承認。

◆賦予「無意義的人生」價值

儘管如此，有些人還是能安於這種不做自己的人生。

「猶如在自我感喪失的狀態下才能喘口氣」般地活著的人們。

對於自我感喪失的人們而言，其藏在潛意識裡的訊息是：「做原本的自己毫無價值」。出於對真實自己的失望感，只能讓意識朝相反的方向發展。因而形成意識中「自己是有價值的」、潛意識中「自己毫無價值」這種截然相反的心理防衛機制。

然而，人們無法戰勝潛意識。

「唯有覺察內心中看待自己的負面想法，治療才算真正展開。」

「成為你應該成為的人。」大衛・西伯里這句話彷彿吹開了迷霧，使天空豁然開朗。當人們開始覺察，人生就有了意義。

有些人每天兢兢業業，做好了自己分內的工作卻仍時運不濟。但問題並不在於這些人有意識地努力，而在於他們的潛意識。

也就是存在於他們內心深處潛意識裡的絕望感，或者說是他們內心的依賴性和敵意，導致人際關係上備感挫折。

這些人即使實際上並未做出任何不好的事，卻仍活得很辛苦。

裁員、罹患重症、失戀、交通意外等等都是現實生活可見的變故；然而在潛意識世界裡發生了什麼，我們看不見也摸不著。

◆所有的煩惱都來自「你不再是你自己」

人際關係的痛苦源自於潛意識領域的衝突，而非意識領域的問題。至於痛苦的原因，大衛・西伯里認為是「因為你不再是你自己」。

不只是西伯里，羅洛・梅也說：「決心成為自己，是人類理所應當的使命。」即使能理解這些話，卻做不到。那是因為潛意識是深層的心智狀態，而「自己不是自己」的想法正存在於潛意識領域。

總是感到痛苦的人並不會覺察到「自己不再是自己」的心理，但人們會將這樣的錯覺在心中層層累積，逐漸陷入死胡同裡打轉。

現實世界中，他們也許看起來是社會上嶄露頭角的菁英分子，實際上內心卻呈現著截然不同的面貌。

相反地，有些人即便算不上社會成功人士，心理上卻相當穩定。心境安穩能產生正面積極的態度，因此這樣的人能夠結交到意氣相投的夥伴、在團體中有成就，也不會一心一意想贏過別人。

然而，社會上所謂的成功人士經常汲汲營營於狹窄扭曲的世界裡，也沒有信得過的夥伴。他們的潛意識已經被「名為焦慮的惡魔」所占據。

◆「承認人生的徒勞」並不是認輸

在他人面前扮演完美的自己，是為了逃避直面「潛意識」中覺得自己毫無價值的情感評價。

但也會因此深陷在全然虛幻的世界中，眼裡只剩下自己所評價的世界。

「我對這樣的人生感到絕望」——對這些人而言，若能覺察內心獨一無二「真實的情感」，就能從絕望的世界通往希望的世界。

如此一來，內心才可能真正強大起來。那種感覺就像是活躍於自己所擅長的領域一般輕鬆自在。

在這個世界上，我們身邊的人所擁有的價值觀幾乎都和自己不同。若能因此覺察到完美的自己其實只存在於自己的世界之中，那麼這股絕望感就將成為舊世界的出口、新世界的入口。

人生停滯不前時，不妨往回探索潛意識的價值觀。一旦你覺察潛意識的價值觀變得扭曲，前方的道路就會打開了。

只不過，要改變不受思想控制的潛意識並不容易。但你要記住，當無論你怎麼努力結果都不順遂，就是潛意識惹的禍。

在救贖人這點上至關重要的，就是感受內心的衝突和虛無感。也就是「絕不自我欺騙」。

內心的衝突和虛無感，正是前面提過的我們心底唯一「真實的情感」。

不須要大費周章捍衛自己的價值，原原本本地去感受人生的徒勞，才是最重要的。

5

為什麼會那麼「在意別人的眼光」？

——九成的潛意識決定了你的人際關係

儘管意識上想對周圍的人表現順從，但潛意識中卻充滿了「敵意」；明明在生活中謹慎自持、態度謙遜，潛意識卻盈滿敵意。

即使看起來是社會上獨當一面的成年人，潛意識深處依舊是個任性的孩子。

這就是美國心理學家馬斯洛所謂的「假性成長」（pseudo-growth）。

努力熱誠待人，旁人的回應卻總是不符自身期待，自己也並未因此受人喜愛。於是潛意識裡逐漸形成嚴重的自卑感，而這種自卑感會反映在「對人的厭惡」上。也就是說，這樣的人其實對身旁的人感到厭惡。

但當事人對此渾然未覺。

另一方面，互動的另一方自然會察覺到這種來自潛意識的敵意及自卑感，並有所反應。所以無論他們多麼努力，依舊無法得到預期中的好感，也難以建立自己期待的人際關係。

即使有意識地待人熱誠，對方卻會因為你的潛意識而做出回應，以至於無法形成愉快的人際關係。

於是你忍不住埋怨起來「我明明就這麼努力了」，變得愈來愈不滿。這就像是夫妻之間逐漸累積的怨懟一般。

我們常在丈夫或父親口中聽到「我明明就這麼努力了」的抱怨——這點或許一點也不誇張——但對方依舊對你的努力不為所動，潛意識裡也累積了愈來愈深的敵意和自卑感。

◆執著「想要被喜歡」的真相

相當順從權威型父母的孩子，性格上會呈現「過度的依賴與不穩定性」。

透過服從，乍看之下會變得穩定，潛意識裡卻透著不安。服從和敵意就像是一枚硬幣的正反面，實際上的情感其實相當不穩定。

愈是流露出「過度的依賴與不穩定性」情感的人，他人對自己的反應就更形重要。而這種性格的「不穩定性」，也很容易因為他人的一句話就出現動搖。

然而內心愈是動搖，就愈會想依賴他人，然後因為想依賴的人的話語，內心又出現動搖。無論是多麼善良的人，陷在這樣的惡性循環中不斷內耗，身心都會變得愈來愈憔悴。

心理上生病的人，會將內心執著的激烈，錯當成愛情的激烈。因為焦慮而緊緊依賴對方，如同抓住浮木般強烈投入，並且誤以為自己是對愛情強烈投入。

我認為這種愛情的強度，正來自於焦慮的強度，將「好需要對方」的心情毫不猶疑地視為「好喜歡對方」。然而，在想被愛的欲求中其實潛藏著「敵意」。所以無論對方如何表達對自己的喜愛，依舊感受不到愛情。

倘若就這樣懷著「強烈的依賴感」一步步走入戀愛、結婚、親子關係，結果將會變得多麼可怕？

總是感到孤單而不斷刁難對方，過分在意對方的一舉一動，這些情況都相當常見。

有人可能會認為「不要在意別人說什麼」就好了。但比起不在意別人這種難以達成的努力，更應該正視「為什麼自己在人際關係上會這麼依賴別人」，才是較有意義的努力。

我們容易見樹不見林，只致力於解決表面問題，而忽略問題背後的本質。

但我們的情感，可不是光想著「不在意」就能拋諸腦後這麼簡單。

美國心理學家費登伯格（Herbert Freudenberger）指出，要精確診斷是否患有「燃燒殆盡症候群」（burnout syndrome）的方法之一，就是觀察身心的活力狀態，並說：「如果一直處在比過往明顯低落的狀態，那就是出現了異常。」

這種時候還拚命要展現活力，只會更加消耗自己的能量。

不妨從現在開始，重新一一檢視自己的人際關係，例如「什麼原因造成自己這麼大的壓力？」或是「不必過於浪費心力與不真誠的人來往？」同時思考在目前的人際關係中，「對於那些我根本不須要害怕的事物，我到底在害怕什麼？」

◆人為什麼會因為小事發怒？

這是因為人們隱藏在潛意識領域之中的本質，亦即他們在漫長人生裡不知何時開始，也不知道在什麼樣的情況下所偽裝起來的面貌顯露出來了。

「Success in business failure in relationship」一句話生動表現出了這樣的結果。事業

一帆風順的人，容易與周遭樹立敵對關係；工作上順風順水的人，也常見與配偶間發生不愉快的衝突。

這也反映在那些仕途順遂的成功人士身上，例如菁英官僚會因微不足道的失敗而自殺謝罪，或是遭受到親子與夫妻關係上的挫折。

這些社會菁英及成功的商務人士很可能在哪一天能量燃燒殆盡之後，會突然罹患憂鬱症。

儘管擁有社經地位，內心卻沒有足以撐起身心的精神支柱。

就算社會一致評價其成功，然而他們因為心理上的「假性成長」，打從一開始身心就處在危險的狀態中。

他們的意識與潛意識背道而馳。他們對身旁的人和顏悅色，但實際上也同時對周遭的人關起了心房。

他們隱藏在潛意識領域的本質，就以這樣的形式展現了出來。

本質之下可能是隱藏起來的憤怒、凍結在記憶中的恐懼感，或是銘刻於內心深處的自卑感。強烈的自卑感也會妨礙他們認識自身真實的情感。簡而言之，這就是自卑情結往往被壓抑的原因。

因為微不足道的事而煩惱。因為無關緊要的事而煩惱。

另一方面，心理健康的人卻對他們為何總是為小事煩惱感到不解。

但即使好奇為什麼這些人總因小事操煩，抑或安慰他們不用煩惱這些事也無妨，他們依舊會永無止盡煩惱下去。

不斷煩惱的人，會因為人們不經意的話語變得焦慮，失去冷靜、感情用事。最終，人際關係也會因為小事而陷入困境。

當然，那些小事並不是癥結。不安全感形成的心理根基才是問題所在。另一個問題是，焦慮一開始只是讓內心感到困惑，但很快就會動搖到內心，情感的起伏也會隨之激烈起來，成為易怒且難以取悅的人。

從人格特質的角度來看，比起因重大問題變得憤怒，人們因小事而憤怒的問題更加深刻。

丈夫有時會因為妻子回應的一句話而突然暴怒，情緒久久無法平復。也常聽見女性抱怨伴侶，真不知道為什麼要因為這點小事發這麼大的脾氣。

理由很簡單。因為丈夫內心是焦慮的，而且累積了大量的敵意與攻擊性。

「經過多次臨床觀察，採取反抗姿態、身陷孤立的人，會刻意壓抑與他人建立確定關係的欲求與願望。」

而且平常只要遭遇一點不順心，心情就會立刻陷入低潮。

事實上，那些都不是問題。他們的焦慮源於個人的基本特質，容易小題大作，且心理基礎上表現出顯著的不穩定性。

世界上並沒有心理完全健康的人，任何人都多少具有精神官能症的特質或傾向。但若能直面那樣的特質或傾向，人生的道路就會豁然開朗。

喬治・溫伯格也說過，可以在精神官能症傾向較強的人身上看到不願面對真相、不願去感受的欲求。

「你不想看到的真相是什麼？」只要願意去思考，就能打開前方的道路。

美國社會心理學家埃里希・佛洛姆（Erich Fromm）指出：「人類為了保持理智，須要和他人產生連結、建立關係。而這樣的欲求比對性及生活的欲望更為強烈。」

對於在社會上取得成功、人生卻陷入困頓的人來說，自己身上到底哪裡出了問題？原因正是佛洛姆那段話。他們雖然在社會上很成功，卻在「和他人產生連結、建立關係」上澈底失敗。

但光從表面上，幾乎看不出來他們在「和他人產生連結、建立關係」上的失敗。身為社會上的菁英，心境卻受困在如幼年時和父母走失般之中。不知為何，內心就是忐忑不安，但他們從未發現內心深處那個迷路的孩子。

自己的心理狀態像個迷路的孩子，自己卻毫不知情。

就算在社會上表現得再卓越，不知為何，內心就是忐忑不安。

即便是在社會上取得成功的傑出人士，從這一點來看，也不具備完整的人格。

相較之下，擁有真實人格者的心理不會是個迷路的孩子，因為他們對於自己的生存方式擁有自信。

他們的內心擁有餘裕。這指的並非時間上的餘裕，而是心理上滿足的感受。內心有餘裕的人既不依賴，也不會想掌控他人。

這就是「今天也是很棒的一天」的感受之下，一天天累積而成的人格特質。

有些人並沒有能夠成為精神支柱的朋友，其處境背後隱藏的本質是：情感上不願意主動接觸別人。也就是他們的潛意識深處其實充滿焦慮。

對這些人來說，只要他們並未覺察潛意識深處的焦慮，不管多麼努力經營人際關係，都無法擁有幸福的人才會擁有的良好人際關係。

人若無法適應外界，就無法生存。但適應外界，並不一定要滿足原始的心理需求。

也就是說，社會適應（social adjustment）並不等同於情緒適應。

適應社會環境的過程中即使缺乏情緒適應，從表面上也看不出問題。

◆朝著「想要成為特別的人」的道路前進

儘管每個人的原因不同，但在「社會退縮者」（social withdrawl）當中，有些人無法有意識地拋開自己放大的自我形象，因此難以結交到願意對他們敞開心房的朋友。

事實上，周遭的人也不想努力維繫和他們的關係。因為人們不想接受那種自我膨脹的形象，不想與其更進一步互動往來。

如此一來，社會退縮者只能繼續退縮，繼續固守於那過度放大的自我形象，失去現實社會中生存的空間。

社會退縮者的意識中會出現精神官能症的心理需求，也就是自我膨脹。

他們的潛意識裡懷有深深的自卑感，然後反動形成放大的自我形象。

只要當事人並未覺察到潛意識裡的自卑感，不論再怎麼努力建立人際關係都沒有用。

潛意識裡的依賴心理或情感依賴，會讓他們在不知不覺中，渴望周遭的人正視他們放大的自我形象，能夠如此看待並評價自己。但很遺憾，意識上的努力依舊會化為泡影。

自我膨脹的背後包括自戀、依賴心、戀母情結等心理狀態，也就是佛洛姆提出的「衰退症候群[*8]」要素。

自我膨脹在現實中會遭受挫折，帶給人生絕望感，於是自我膨脹的人們會不斷壓抑內心的絕望感。

然而被壓抑的絕望感，恰恰是「人總是想受苦」的原因，就像是一種「受苦成癮症」。

自我膨脹的同時，意識領域的不滿會被潛意識壓抑，意識與潛意識逐漸背離，慢慢分不清自己到底是誰，以及自己真實的樣貌為何。

*8 譯注：佛洛姆認為，人類的毀滅性格（自我毀滅或毀滅他人）、自戀、群體自戀、亂倫情節等層次會相互影響，驅使人類前進的層次叫「成長症候群」，退步為「衰退症候群」。

內心深處對於周遭的不滿會一天一天累積，到頭來，人際上也會變得愈來愈退縮。

「想透過放大自我形象來解決人生中面臨的各種問題，在人際關係和工作上都會遇到困難。那樣的人從根本上就無法與他人建立連結，而這樣的自我也反映在與親近對象的關係上。」

對親密的人累積不滿，就會讓自己變得鬱鬱寡歡。

對於親密的人感到無來由的不滿或憤怒，源頭其實是內心深處不願與任何人建立連結的自己。

問題在於，自己完全無法意識到內心這種不願與任何人建立連結的想法。事實上可能連本人都會感到意外，原來一切都是因為自己的內心不願與他人建立連結所致。

6 人為什麼不斷重覆相同的煩惱？

——解決問題的原點是親子關係

內心深處長期以來累積的焦慮，會表現在人際關係上。

舉例來說，某人從孩提時代就苦惱於和父親之間介於「服從與敵意」間的矛盾關係。表面上他服從父親，但潛意識裡又對父親充滿敵意。而這種矛盾關係未能從心理層面上獲得解決。

不論是目前的約會對象或男女朋友、同性友人、職場上的人際關係以及夫妻關係等等，都是這種矛盾關係的「轉換和替代」，亦即「情感轉移」。

一位二十八歲的年輕人對自己不斷換工作，而且和每一位上司都處不好的處境感到煩惱不已。

我想，他肯定和目前的上司也處不好。但職場或老闆都不是癥結所在，癥結在於他並未解決過去和父親關係中所面臨的問題。

他不曾有過叛逆期。對於父親，他採取服從的態度，迴避了叛逆期長大成人。可是，他的潛意識裡仍保有對父親的敵意。

他對父親隱藏的敵意，轉移為對上司的反抗。就算換公司，恐怕也很難和下一個上司處得來。這是因為他和上司的關係從來就不是問題的本質。

一直以來，他內心未曾解決的問題，轉移為他如今的處境。

◆克服生存困境的「毒親養大的孩子們」

在孩提時期，極度依賴且任性的父母從未給予自己充分的關注及疼愛，每每想說的話最後總是吞回肚子裡。

不斷壓抑內心的不滿，也對此有所自覺。但無論是壓抑或自覺，都改變不了親情得不到滿足的現實。

小時候親子關係失敗的人，不管何時都承受著寂寞。

然而，寂寞會妨礙人認識真實的情感。即便自發性地感到厭惡，也無法識別真實的「厭惡感」。

寂寞的時候，就容易和不好的人來往。

所謂不好的人，指的是那些看不到自己內心創傷的人。這些人並不在意內心深處的感受，所以從來不表達關懷與體諒。彼此也不是互相鼓勵打氣的關係。

但在困難的時候互相鼓勵打氣，才是親密的朋友。

從孤獨和自卑感出發的人際關係，不僅不會被愛，也不會獲得親密的朋友。在對方眼中，自己只是個備胎，呼之即來揮之即去，卻完全沒發現對方的態度。

嚴重的自卑感也會妨礙你認識真實的情感，並且和一些不好的人往來。那些不好的人無法努力付出，並且也無法和對方同甘共苦。表面上雖然是朋友，卻不會給予關心或安慰；彼此互不信賴，也不會因相知相惜靜靜地陪伴。

問題是，在這樣虛假的關係下，本人並不會發現原因是缺少信任與撫慰，就算知道了也不會承認。

而最大的問題是，心理上未解決的問題依舊緊緊束縛著自己，並且讓自己轉過頭背對現實。

「我之所以過得不快樂，是因為我拒絕面對現實嗎？」倘若願意傾聽內心真正的聲音，前方的道路就打開了。只可惜，這些人還是走向相反的道路。

在虛假的人際關係中，潛意識裡會逐漸累積憤怒和後悔。若繼續往來，潛意識裡的問題只會愈來愈多，最終難以收拾。

人與人透過的互動相處，可以成為彼此的精神支柱，同時形塑良好溝通的能力。經由親密朋友的鼓勵打氣，找到歸屬感，滿足自己成為「團體中一分子」的基本需求。

不好的人際關係則恰恰相反。這段關係中沒有對方，只有我執。或許不至於被社會孤立，但心理上卻是孤立的。飽受內心衝突，心理上承擔了各種未解決的問題，人生就此停滯不前。

就這樣，他們走過少年、青年時代，心理上背負各種問題長大成人。

大企業的優秀職員罹患憂鬱症、政府菁英官員自殺、職權騷擾[*9]（power harass-

*9 譯注：指權力或地位較高者在職場或其他場合上，以權勢騷擾或欺凌權力或地位較低者。

ment）、家庭暴力（domestic violence）、虐待兒童等等，其實都是表現出潛意識裡隱藏的本質。

「所謂瘋狂的人，完全無法與他人建立情感連結。就算沒被關進牢籠裡，處境也猶如監獄的囚犯一般。人在生活中須要與他人產生連結、建立關係；這是一種無可避免的欲望，透過滿足這樣的欲望就可以保持理智思考。」

◆想要控制孩子的父母，離不開孩子的父母

父母內心深處擁有想滿足與孩子親密接觸，如幼兒般依賴的「一體化願望」。一旦滿足了依賴的欲望，內心就能產生歸屬感，心情也能安定下來。

當父母的情緒依賴無法獲得滿足，內心卻又懷著與孩子緊密相依的欲望，孩子就會帶著罪惡感活下去。

對於想滿足一體化願望的父母而言，孩子絕對不能擁有自己的世界。因為這等同於孩子在反抗自己。

於是孩子出外遊玩時，這些父母會感到恐懼；孩子結交新朋友時，他們也會感到恐懼。這些都是懷著一體化願望的父母無法接受的事。

因此，當孩子與朋友愉快相處，內心深處會覺得自己背叛了父母。相較之下，父母為了滿足一體化的願望，只會從親密關係中不斷向孩子索求。

一般來說，人們會試圖將他人捲進自己內心的衝突，好解決心理上的難題。而這時最容易捲進來的就是孩子。

也就是說，父母的心理愈不健康、內心的衝突愈激烈，愈容易波及孩子。

事實上，將孩子捲進自己內心問題的父母，對於身處的困境根本無能為力。他們既軟弱，情感也無法自立，心理上和孩子簡直沒兩樣。

我在前面說過，人會對他人的「潛意識」做出反應。因此，孩子們容易對有心理問題的父母產生排拒感。

沒有重大情緒問題的父母，可以自然地表達情感，就算偶爾情緒不佳，也不會一直處在陰鬱的心理狀態。

不過，潛意識裡深刻烙下負面情緒的人總是在忍耐，在不知不覺間會變得愈來愈不快樂，於是會偽裝出不自然的開朗。

問題在於，他們在潛意識裡拒絕長大，本身卻沒發現自己拒絕長大。在潛意識的領域，他們仍保有過度依賴的心理。

我們同時可以觀察到其心理上的戀屍傾向（necrophilous），這是人類性格中普遍存在的心理，亦即受到死亡吸引。這也是長年服從於雙親權威下的結果，並且會造成盲目的情感行動。而這一切都是來自潛意識的需求。

長年以來壓抑的憤怒讓他們情緒失控，總是明顯流露出焦慮不安、悶悶不樂的情感依賴症狀。

當父母被隱藏於內心的「憤怒」所控制，孩子就會產生「基本需求上的不安全感」。所謂「基本需求上的不安全感」，根據卡倫・荷妮的說法就是：基於父母「需求」養育的結果。

如同卡倫・荷妮指出，精神官能症的傾向也正是孩子依從父母「需求」被撫養長大的結果。

舉例來說，父母會將自己的低價值感投射在孩子身上。這些父母總是要求孩子「感謝自己」。

或是當父母將對愛的渴望投射在親子關係上，會造成親子角色的逆轉，父母會向孩子撒嬌，孩子則背負父母過度的依賴與期待。

在父母隱藏於內心的「憤怒」控制之下，孩子絕對不會承認自己形成另一種固有人格。

一位患有學生冷漠症（student apathy）的學生表示：「母親為我做了好多事，但沒有一件是我希望她做的事。」

這位母親之所以對孩子提出各種各樣的要求，主要源於其精神官能症的傾向。明明是身為他者的孩子，母親卻將其視為自我的一部分。

她將他人看成自我的延伸，而不是自己之外具有固有人格的他者。

即使外表看起來是個成熟的大人，心中卻沒有「他者的誕生」。他人雖然存在，卻不是自己之外具有其他固有人格的他者。

無論如何，她眼中只有自己，而且擺脫不了自我中心思維。

說得直接一點，就是她身為「團體中的個人」的生活方式失敗了。

◆和「毒害自己身心的人」保持距離

具有精神官能症傾向的人會異常執著，而這股執著會讓他們無法獲得幸福。

精神官能症傾向較強的人會深陷在自己的不幸之中。

無論造成自己不幸的是人，還是事件。

執著於討厭的自己。

執著於討厭的那個人。

討厭自己，但又希望自己看起來很棒。

討厭那個人，但又想被那個人喜歡。

雖然討厭別人，卻不想被別人討厭。

「我好累啊，真的好累。」儘管一面抱怨，卻還是放不下這種疲憊不堪的生活。這都是因為我執所帶來的辛苦生存方式。

這些人藉由扮演犧牲者的角色，向他人索求愛與同情。

或是打從內心深處希望對方感到內疚，並藉此操控心生內疚的對方。可是他們並不會發現自己的心態。

與此同時，扮演犧牲者也能凸顯自身的存在感，感受自身的價值。所以雖然嘴上埋怨，卻總是擺脫不了其所埋怨的處境。

如果不再扮演犧牲者的角色，自己將不再是自己，猶如失去人生的意義一般。

只有自己是高尚的犧牲者。但他們的自我犧牲卻讓關係變得糾纏不清。

當人們和這樣的人相處，會覺得自己彷彿也受到了指責，並想對他們說：「沒有人要你自我犧牲，是你自己選擇做一名犧牲者。」

不斷壓抑、無視潛意識裡的問題，就像是坐視自己走入人生的死胡同。

一位年歲已高的長者內心很煩惱，嚴重的焦慮讓他的健康每下愈況。

詢問老人許多問題之後，發現他似乎特別在意某個人。

可是一問他：「那個人對你做了什麼？」他也只回答：「沒什麼。」

但當我問起一些無關緊要的小事，老人的話題又回到那個人身上。

「我才不和那種人打交道，他可影響不了我。」儘管這麼說，潛意識裡卻似乎相當重視。

當說完那個人的壞話之後，老人的身體狀況居然好轉了起來。

倘若如老人所說，為什麼他還那麼在意對方？

必須不斷追問自己「為什麼？」

為什麼自己會在意那些人？

在意的真正原因是什麼？

「在意」的本質其實是彼此之間不自覺隱藏在內心的情感。

承認自己的內心還是個孩子才能解決問題。承認讓自己痛苦的問題不是出於意識而是潛意識，才能解決問題。

若是不承認潛意識中的問題，只會讓人生變得愈來愈迷惘。

之所以不斷煩惱，正是因為無法改變自身精神官能症傾向的思考與行動。因為精神官能症者的思考與行動相當固執。

具有這類強迫性思考的人會固執己見。

以下這位固執的滑雪者恰恰是最好的體現：

明明佛羅里達不能滑雪，但是他依舊堅持想去佛羅里達滑雪。

7

為什麼明明過得一帆風順卻「不覺得幸福」？

——從束縛自由心靈及「看不見的枷鎖」中釋放自己

自小，家人就無視自己的意志、夢想和才能，一味將各種期待加諸於自己身上。

有些孩子只是為了實現他人的期待而活著。

相反地，有的父母很重視孩子的秉性與能力，為了孩子的幸福而因材施教。

這是兩種會走向全然不同結局的人生。

自己的意志、夢想和才能被壓抑，一路背負著期待，並為了實現他人的期待而活下去。即便取得高成就，最終人生還是會陷入困頓。

這些人和年輕時結交的朋友或家人等親密互動的對象只是表面關係，沒辦法坦誠交往，相處上也不順遂。這意味著他們心理年齡停滯不前。

他們捨棄自己的個性，讓優越感壓抑著孤獨與無力感帶來的內心衝擊。成長過程中，他們麻木地成長，變成服從權威、在權威型父母下逆來順受的好孩子。

他們身邊友人、來往對象也擁有同樣扭曲的價值觀。說得極端一點，就像個程度輕微的邪教團體。

但是佛洛姆說過，服從只會繼續擴大孩子內心的不安，同時產生更大的敵意與反抗意識。也正是這些隱藏的「敵意」，會成為橫亙在他們人生前方最大的障礙。

壓抑敵意會變得焦慮，卻只能繼續壓抑更多的焦慮。

他們的內心雖然封閉起來，但依舊在社會上適應得很好。

但一如佛洛姆所說，他們身上背負著「看不見的枷鎖」。他們是失去自由的「心的奴隸」，在潛意識裡對自己感到深深的「絕望」。

人生的悲劇就體現在那些不懂得愛，以及未能覺察這樣的自己而生存的人們身上。問題在於潛意識裡的「絕望感」。若能直面絕望感，才能走上救贖的道路。

然而直面自己的絕望，是一種巨大的恐懼，並會在不知不覺中將真實的情感逼入絕境。所以表面上看來一點也不絕望，還是擁有光明未來的年輕人，外表就是個成熟懂事的大人。

但是在社會上，他們為了維繫自己呈現的理想形象遭受無數挫折，同時壓抑下了全部挫折感。

另一方面，內心深處仍未放棄對完美形象的渴望，於是緊緊依附在那膨脹的自我上。他們不甘於平庸的生活，而這正是深刻自卑感的反動形成心理在作祟。

在成長過程中，認為不完美就不會被他人認同。於是只能表現出優越感來補償內心的安全感。

也因此，缺乏真誠相待的親密友人，而且無法真心接納他人。

缺乏真誠相待的對象，就是潛意識裡帶著創傷的警訊。

直面自己的絕望感，心理上才能自立。然後向一直以來持續帶給自己傷害的人道別，從內心澈底一刀兩斷。

和那些傷害自己的同性或異性友人斷絕聯絡。因為他們僅僅是形式上的朋友，而非真心互動的對象。那些只不過是名為朋友的「陌生人」，甚至是霸凌自己、貶低自己的人。

最深沉的絕望感源於自立的失敗。但當然，人不會發現自己在自立上的失敗。

然而，自立失敗所產生的絕望感，會在潛意識裡支配人的行動，所以人總是不斷煩惱。

這裡說的「自立」，並不是指經濟上的獨立，而是心理上的獨立。經濟是否獨立顯而易見，經濟無法獨立的人也肯定很清楚生計可能遇上的窘迫，所以那不是潛意識的問題。

對於自己要求極高的人，也曾經被重要的人強加極高的標準在自己身上。在權威型父親陰影下成長的孩子就是這樣的類型。

孩子會將父親嚴格的管教內化，長大之後仍對父親保有心理上的依賴。但無論成長到二十歲、三十歲，還是四十歲，他們都不會察覺到這股依賴。

然而在潛意識的心理層面，這卻是走向自立的重大挫折。

那些不曾接受「真實自己」的人，會認為周遭的人也不會接受「真實的自己」。於是出社會之後，會在持續追求理想的過程中不斷經歷挫折，那正是社會化的挫折。接著苦惱於內心的絕望感，並且暗自壓抑。

與此同時，他們會轉身背對內心的絕望感，繼續苦撐，直到身心走向崩壞。

另一種情況是執著於「我是個特別的人」這種精神官能症的心理需求。深深相信自己內心虛構的獨特人格，透過貶低他人來捍衛自己，以防自我價值崩解。

比如以看不起人的口氣說：「那傢伙只不過當上社長就高興成那副德性，真是小鼻子小眼睛。」然後大加嘲笑。

他們會變得孤立無援。潛意識裡堆積如山的不滿與憤恨，也會將他們推向絕境，甚至咬牙切齒地想讓所有人都消失。

這一切的源頭就在於自立失敗。怎麼做都無法獲得他人認同，人生感受不到喜悅，但自始至終都沒發現自己在心理自立上的失敗。

最終，他們還是無法理解為什麼自己活得如此痛苦，無可奈何之下，轉而探索外部可見的痛苦原因。

然後認定就是這些「外部可見的原因」讓自己變得不幸。

◆那是要給誰的「愛」

人在成長過程中，不可或缺的是心理上獲得充分支持的環境。

針對缺乏心理支持的環境，卡倫・荷妮指出：「人會困在他人的眼光裡，無法真正愛自己的孩子。」

正是如此。

若孩子處在無法獲得父母的愛，又處在無法獲得周遭人們支持的環境下，孩子便難以走上自我實現的成長道路。

舉個簡單的例子，「寵溺孩子的父母」就是典型的案例。事實上，這當然不是寵溺，只不過是一種偽善。

父母很黏孩子並不是為了孩子好，而是為了滿足自身對愛的渴求。例如那些常常家族旅行的家庭。

在這樣的環境下長大，孩子的基本心理需求無法獲得滿足，而且會缺乏安全感。他們會將精力釋放在「自我破壞」上，為了追求不屬於自己的生活而不斷內耗，逐漸自我異化。

就像是貓披上虎皮偽裝成老虎生活一樣。

異化的人們在人際上會感受到疏離、變化不定，然後接受外界扭曲的價值觀成長。

有些父母會將孩子當作貓來養育。

像是對先生感到絕望的妻子，為了宣洩內心的不滿，將情感全數投射在孩子身上。對婚姻極度失望、失去人生目標的母親轉而過度干涉孩子的人生，作為滿足自身欲望的手段，成為一個過度保護、過度干涉的母親。

這正是「偽裝的憎惡」。

若母親想要獲得救贖，就必須意識到自己「在潛意識裡對先生的憎惡」。

另一方面，被父親當作貓來養的兒子也會喘不過氣來。然而父親態度的根源其實是來自於「壓抑對妻子的憎惡」。也就是先生內心一直隱忍著對妻子的憎惡。最終，這股憎惡就會以對孩子過度的愛表現出來。

若父親想要獲得救贖，必須意識到自己「在潛意識裡對妻子的憎惡」。

這些母親對於孩子的教育熱忱自然無可非議。

表面上看起來沒有問題，但問題就在於她們對教育無比熱忱的動機。

例如先生過世後內心的空虛。

母親為了填補心靈的空虛，格外投入於孩子的教育。將內心對先生的情感依賴，轉為鞭策孩子「要像爸爸一樣了不起」。可是，如此富責任感的母親，其潛意識裡其實隱藏著攻擊性。而受潛意識影響的母親，深深相信自己正在做了不起的事。

行動上是「教育熱忱十足的母親」，潛意識的心理動機卻是「缺乏愛孩子能力的母親」。她們是心理上無法自立的女性。

◆比起滿足「欲望」的人生，不如從「喜好」出發的人生

有些環境無助於孩子的成長。比如雙親將孩子視為解決內心衝突的手段，此時孩子就成為了絕望的父母緊緊攀住不放的生存浮木。

這類為了解決內心衝突的教育方式，外人幾乎難以察覺。

表面上是疼愛孩子，但其實是憎惡的直接表現。除此之外，孩子也過得很痛苦。

首先，孩子處在無法討厭父母的環境下，那會妨礙他們的心理成長及成熟的情緒抒發，如此，孩子的內心將逐漸走向崩壞。

此外，孩子會無法掌握自己真實的情感。他們不知道自己究竟喜歡誰或討厭誰，或者說他們根本不知道自己要什麼，不知道自己喜歡什麼、討厭什麼。

滿足「欲望」和從事「喜好」並不一樣。

滿足「欲望」而活會變得不幸，享受「喜好」而活則是幸福之道。

只為了滿足「欲望」而活，就像那些失去人生目標的孩子，沒發現心理自立的失敗，即便想自立也做不到。

◆「不設防」的重要

如果小時候缺乏在父母身邊感到安心放鬆的經驗，比如不曾依偎在父母身旁酣然入睡，長大之後就無法處在無防備的狀態下。

孩子只要待在父母身邊，即使房間明亮，累了就連表面粗糙的沙發上都能呼呼大睡，連地板上也照睡不誤。若小時候從未有過這種安心感，即便躺在豪華柔軟的床鋪上也會感到不安而難以入睡，而能夠放鬆的人，就算在冷冰冰的地板上也睡得著。

不設防對於心理成長相當重要。當孩子沒辦法處在無防備的狀態下，人際溝通上就會出現障礙。

「可以釋放、表現出敵意及心理依賴感，正因為內心是自由的。因為自由，才能釋放敵意，讓自己喘口氣。如此一來，才能對事物產生興趣、對人表達關懷，自然地走向成長。」

最簡單的例子就是孩子的哭泣。經過一番哭鬧、澈底抒發之後，接下來又是活蹦亂跳的。所以我認為，讓幼小的孩子放聲大哭，未嘗不是一件好事。毋寧說為孩子打造一個能夠釋放負面情緒的環境，在教養孩子上十分重要。

舉例來說，孩子就算生氣地朝母親回嘴：「吵死了！妳這老太婆！」但孩子抒發了負面情緒，內心並不會留下討厭母親的情感。除非母親語帶威脅地盛怒回應：「你說什麼！給我再說一遍看看！」否則，孩子宣洩完憤怒後，並不會對母親留下仇恨感。

在威脅和責罵中長大的孩子會壓抑自己的情感，心理成長也會止步不前。

「他們在成長的過程中，只會走安全的路。」

即便有懼高症，只要相信底下一定有人會接住自己，就能夠一躍而下。心理上的安全感讓人在面對危險時仍願意挑戰，這也是成長的關鍵。

對於害怕進游泳池的孩子來說，讓他們從輕鬆地玩水開始慢慢接觸水就好。「有游泳圈就沒問題了」，對害怕水的孩子說這種話毫無意義，那只是不怕水的大人的一廂情願。但只要讓孩子嘗到玩水的快樂，他們就會喜歡上游泳。

烏龜看起來總是「縮頭縮腦的」，一旦察覺危險就會將身體縮進堅硬的甲殼裡。蛇也一樣，防禦時會將頭藏進盤成一團的身軀之下。因此當幼小的孩子覺得「好可怕喔」試圖自我防衛，也要理解並重視他們的反應。

「唯有當他們的恐懼被接受，他們才能真正變得勇敢。」

所謂的被接受，指的就是被信賴。害怕也好、痛苦也好，當人們知道自己能夠被理解，就能獲得勇氣。

◆自立就是擺脫「被支配的人生」

重要的是，要擁有「我是在缺乏心理支持的環境中成長」的自覺。也就是理解到自己一直以來都缺乏「愛」的滋養。

但我前面也說過，人通常難以發現心理無法自立的現實；事實上，有很多人根本毫無所覺。

這些人從未思考過驅動自己生存的理由，偶爾會覺得「不太對勁」，卻還是認為自己和別人並沒有不同。

心理上無法自立，也讓他們失去了生存的根基。

有些孩子無法承受他人的眼光，卻沒發現自己的痛苦。升上了高中之後就開始拒絕上學。

唯有覺察內心深處對自己撒的謊，才能從痛苦的深淵中振作起來。

由於做不到心理自立而感到絕望。如果可以意識到這一點，人生就不會走向崩壞，而是會朝有建設性的方向前進。

然而，許多人內心還是受到偽裝的「父母的愛」所束縛，以至於無法清楚意識到「我是在缺乏心理支持的環境中成長」這個真相。

因此，他們喪失了往前走的動力，既做不出建設性的改變，同時也逃避著潛意識裡「我討厭父母」的真實情感。

相反地，一旦擁有「我是在缺乏心理支持的環境中成長，心理上無法自立」的自覺，就能產生生存動力，專注在接踵而來的問題上。

產生自覺，並不只是一味地煩惱，卻沒有任何具體行動。

這是為了讓自己繼續傾聽潛意識裡內心深處的聲音，也是對於人生的掌控感。

無論是父母、配偶或任何人，請告別那些妨礙你成為你自己的人。打從心底和那些人斷絕聯繫。這就是「拒絕失去自我的人生法則」。

反過來說，光是煩惱卻沒有具體行動的人，只會被潛意識裡的絕望感所支配。就算超過四十歲，依舊對於心理上無法自立的自己一無所知。

到頭來，支配他們行動的是他們不自覺受驅使的情感。

逃避直面潛意識裡的聲音，就是隱藏在行動之下的動機。但就算看得見行動，也看不見動機。

那些總是希望獲得肯定的人，只能通過這樣的方式來感受自我價值。因為他們的潛意識裡深受「無價值感和孤立感」所困擾。

他們厭惡人。

然而，只有「重視自己的人」才會重視他人。

當人們願意接受自己，才能接受他人。

倘若不愛自己，就無法愛人。當心理上無法自立，也無法去愛人。

「你對於他人所要負起的義務，就是做一個盡可能快樂生活的人。」

所謂「盡可能快樂生活的人」，就是潛意識裡遠離絕望感的人。

怎麼做才能遠離絕望感，並且朝著希望前進？
那就是成為一個心理自立的人，以及擁有多元觀點的人。

8

為什麼沒辦法停止「假裝快樂」「假裝喜歡」？

——「不愛自己」就沒辦法「愛人」

擁有權威型父母的孩子，會將父母對於自己扭曲的期待深深地內化進潛意識。之後，他們就像是被囚禁在這股內化的期待中，難以違抗父母。

他們也會用盡心思，努力達成父母的期待。他們生存的意義就是不斷討好父母。

不只是親子關係，他們從朋友以至於各種人際互動，都是極為扭曲的人際關係。

「我所生長的環境，與邪教組織在本質上有什麼不同？」

如果能夠這樣思考，就是踏出逃離扭曲人際關係的第一步。

孩子之所以會深受失敗打擊，是因為辜負父母的期待，內心深處要滿足雙親期待的壓力也隨之增加。

任職於大企業卻罹患憂鬱症、成為菁英官僚卻自縊身死，或許這些人從本質上就不適合走上這樣的道路。

他們從未察覺自己在不擅長的領域中打拚，活在受到自卑感支配的人生之中。

但是，無論這條路和自己的才能多麼不相稱，依舊是父母及周遭人們期待自己走上的道路。繼續前進就是他們的「人生意義」，也是他們「喜悅」的泉源。

那是潛意識裡對依賴的恐懼。

假性成長讓他們猶如身處夢境般膽怯不已。在夢中，原本記得的地址卻寫不出來，常去的地方怎麼樣也去不了；回到現實世界，失去了對自己的支配感、自律神經失調，揮之不去的孤獨感讓他們的內心變得脆弱。

前面說的「人生意義」和「喜悅」，在本質上卻是焦慮。總覺得自己不能繼續這樣下去而感到焦慮不已。

那些不知為何焦慮的人們，承認在自己潛意識裡背負的心理問題，卻沒發現潛意識裡的衝突。

為了滿足父母的期待，或是因反抗父母而變得迷惘，自我感喪失，就像在夢裡迷路。亦即因無法自我實現而開始自我異化，然後惡化成精神官能症。

最終他們當中的許多人就算努力、努力再努力，依舊會感到挫敗，過著被潛意識牽著鼻子走的徒勞人生。

人生之中，重要的不是社會成長，而是心理成長。

心理成長是專屬於你的慶典。

社會成長是他人眼中的慶典。

若借用佛洛姆這句話：「伊底帕斯情結（Oedipus Complex，俗稱戀母情結）是精神官能症的核心。」那些人恐怕自始至終都活在戀母情結的陰影下。

最重要的是，他們沒能戰勝父母這道人生最初的課題。他們沒有發現自己的內心離不開父母，在不知不覺中持續折磨自己的人生。

像這樣，對於自己從父母身邊自立的失敗毫無所覺，慢慢走向自我異化，發展出精神官能症的症狀。這段漫長的過程全都在潛意識裡運作。

走向自我異化的過程也一樣。沒發現此刻自己的自我異化，也沒發現眼前的自己並不是自己。

即便在社會上游刃有餘，人生卻在早期階段就陷入停滯。沒有打從心底覺得快樂的事，總是會莫名的感到焦慮不安。

在人生的早期階段，眼前的自己已經不是自己，而自己從未察覺到這樣的變化。

因為不曾經歷過打從心底覺得快樂的事，就算初次體驗到這樣的感受，也不會意識到「現在的我打從心底覺得快樂」。

「在各種精神官能症的發展中，自我異化都是核心的問題。」

◆「不做自己的人」無法遇見對的人

看似是社會上很棒的人，但言行動機上有問題的人卻很多。

一九九七年三月六日，美國的《ABC新聞》（ABC News）播出以「海洛因」為主題的專題報導。

當時，記者黛安・索耶（Diane Sawyer）談到因海洛因而死的男孩時說了這句話：

「他是學校裡最受歡迎的男孩之一。」

這個吸食過量海洛因死去的男孩親人，一名年輕的女孩也說：

「他對每一個人都很溫柔。他很特別。」

男孩會討好周遭的人，因為想被所有人喜愛。

他不清楚「自己到底喜歡誰？」，也不是為了「想被某個人喜歡」。

他的溫柔是為了讓人們喜歡自己，而不是因為喜歡上某一個人而溫柔。

無法區分朋友的人會走向沉淪。

不妨試想失去味覺的人，是酸是苦都吃不出來，連眼前的食物壞掉了也不知道，最終吃壞了肚子。

有精神官能症傾向的人不會選擇自己，也不會選擇對象。他們做不了選擇。因此他們活得很痛苦。

他們什麼都無法捨棄，並為此不斷煩惱。

因為人際關係而迷失自我的人，之後開始濫用藥物。

我認為男孩之所以會走上這樣的結局，「對每一個人都很溫柔」的態度大有問題。

他行動背後真正的意義是什麼？

或許輿論會覺得他是個溫柔的好青年，但真相是他在心理上的成長失敗了。

他是為了獲得讚美、為了被喜愛而活著。

他不懂得讚美和喜愛別人，也不曾真心與人交流。

看到有人拿開瓶器打開酒瓶，大家喊著「哇，好厲害」，於是也想擁有開瓶器。看到有人拿著小刀把玩，大家又喊著「好棒——」於是也想擁有一把小刀。有精神官能症傾向的人沒有自己真正想要的東西。

看到手拿菜刀下廚的人，內心就羨慕不已，心想：「真好，也想像他一樣切菜那麼快。」

可是真的買了菜刀，旁邊卻沒有「哇——」一聲讚嘆自己的對象，切菜切再快還是很空虛。

美國的青少年自殺人口當中，出於學業因素的人僅占百分之十一。

那些自我壓抑、過度努力的模範生們，內心總是會感到惶惶不安。成為模範生後，為了維持模範生的形象，會逐漸加深對成就的渴望。心中充斥無來由的焦慮。

應該說「NO」的時候，為什麼卻說出「YES」？這是因為害怕自己說了「N

O」之後會被討厭。

人們對外會「假裝」出各種各樣的態度，並且希望他人接受這樣的自己。

大衛・西伯里曾說：「我害怕做自己。但我若害怕，我就不是我自己了。」

因過量吸食海洛因而死的男孩，「對每一個人都很溫柔」，可是他始終活得不像自己，所以總是處在恐懼之中。

不做自己的人，會無差別地對所有人討愛。

為了討愛而「假裝」喜歡。

「假裝」討厭。

「假裝」滿足。

◆「不勉強自己的人」才強大

「假裝」得再好也解決不了問題，所以別再假裝了。

但是有很多人做不到，因為潛意識裡的「心理障礙」讓他們卸不下身上的偽裝。

另一方面，也有人明明知道「假裝」解決不了問題，卻繼續假裝下去。這些人其實已經發現自己的潛意識裡有著重大的心理問題。

做你自己，內心會產生安全感，變得放鬆，也放下戒心，彷彿處在無防備的狀態。

做你自己，可以敞開心胸，開啟良好的溝通。就算有想做的事，也不會感到壓力。

吸食海洛因死去的男孩，一直以來過度壓抑自己的想法與欲望，潛意識裡逐漸累積絕望感和憎恨感。

不勉強自己的人才強大。

總是勉強自己的人會變得愈來愈脆弱。

他們不能違背必須和夥伴交好的相處原則；他們因為寂寞和人們在一起；他們從未感受過生活中的情感，也不曾由衷地與人相交。

他們潛意識裡很清楚自己不被周遭的人重視，但因為害怕孤獨只能尋求同伴，同時壓抑不被同伴尊重的鬱悶感。

和並不親近的人成為摯友，然後拘泥於和摯友必須親密往來的交際原則。情感上排斥，潛意識也不斷推開這些情感。就這樣深陷其中，難以自拔。

出於合群、不能討厭朋友的心態，逐漸掉入關係的泥淖。但本質上依舊只是一開始那個徒有朋友之名的「冷漠的人」罷了。

他們的內心彷彿被上了「手銬」。

取下內心的手銬，感受真實的情感。不是精神官能症所引起的情感，而是原原本本發自心底的情感。

遺憾的是，我們很難有意識地感受這些情感，然後輕鬆地對大家說：「哦，這感覺很不錯。」

但如果你能夠感受到，就有機會覺察潛意識裡扭曲變形的世界。

而要想感受這一點，只能嘗試接觸那些不同於你身邊的親友，和你擁有不同價值觀的人。

9 你不須要試圖成為任何人

——消滅焦慮，就能看見前進的方向

即使人生看似停滯不前，只要能意識到潛意識裡的絕望感，人生的道路就將會為你展開。

在人群中總是覺得不快樂、沒辦法和人們好好溝通、討厭什麼都得迎合別人，一次又一次，反覆不斷地感到憤怒和沮喪。

那些讓自己痛苦不堪的負面情緒，背後的本質到底是什麼？

問題並不在於你說了什麼，也不在於你意識到什麼。而是「如今隱藏在你內心真實的情感，到底是什麼？」

在對話中，比起話語字面上的訊息，非言語的訊息更重要。不只是聽人們說什麼，而是那些話語當中隱含什麼樣的訊息？這也是溝通過程中相當重要的事。

人們不會將自己真實的心情說出口。但事實是，連本人也難以覺察真實的心情。要了解一個人，關鍵不在於他說了什麼，而是他「為什麼說那些話？」

美國精神病學專家、認知行為療法之父亞倫·貝克（Aaron Beck）在其經典名著《憂鬱症》（*Depression*）中寫道：「就算是臨床診斷上並非有意義的憂鬱症狀，有些人依舊會使用憂鬱症的詞彙。」

並指出，當患者「稱自己罹患憂鬱症，進行診斷者必須將患者的言外之意列入評估」。

問題不在於他們表面上的言行。

他們總是被鼓勵「要正向思考」。但即使嘗試正向思考，勉強露出微笑，在美好笑容的背後依舊透著哀傷。這正是所謂憂鬱症患者的微笑。

問題不在於微笑，而是笑容底下隱藏的「本質是什麼？」

在這當中，有些人儘管在當下掩飾情緒笑笑帶過，但內心其實痛苦得想死。

也有些人害怕面對潛意識裡的絕望感與恐懼感，只能逼著自己繼續微笑。

內心的憎惡會偽裝成不自然的開朗。

而關鍵的問題是：「開朗背後的本質是什麼？」

有人傷害自己時，只是壓下憤怒，微笑以對。但與此同時，在心底逐漸累積憎惡。這樣的狀態無法持續太久，內心很快地就會無來由感到鬱悶，愈來愈喘不過氣。

原來長久以來，潛意識裡的絕望感才是他們「真實的情感」。

他們從未在意識上表現出真實的情感，無論對待他人或自己，都沒有真實的情感交流。

所以人生才停滯不前。

過了這麼多年，終於覺察潛意識裡讓自己痛苦不堪的絕望感，並得以逐步擺脫自我異化的狀態。此刻的自己彷彿才真正活著。

內心的絕望感象徵自己在人生中過得欲振乏力，以及消極的心態。

而正是這種絕望感，成為了自己生命中最初的真實情感。過去以為的「喜歡」，其實不是喜歡。儘管搞不懂到底是什麼樣的情感，生活卻莫名變得失控。

一直以來，無論心情愉快或悲傷、覺得料理好吃或差強人意，都是身旁的人期望自己表現出來的情感。自己也會察言觀色，依循當下的氣氛來表達態度。

也會因為擔心被討厭而偽裝自己的情感。那是害怕被他人批判的恐懼感。

這些情感全都不是他們內心「真實的情感」。

他們的人生中自始至終就不了解「真實的自己」。而且，他們也害怕了解「真實的自己」。於是和「真實的自己」形同陌路。

這種陌生感不僅僅來自顯而易見的工作或事業，而是從日常生活小事開始就不清楚自己要做什麼、想做什麼。

◆潛意識中囤積「憤怒」的最壞狀況

即便只是說出心裡話，而且是無傷大雅的話，卻還是說不出口。

舉個例子，從商品架拿下三明治當作午餐。

旁邊的朋友卻說：「你不吃飯糰嗎？」於是放回三明治，拿起了飯糰。「還是飯糰好吃吧？」聽朋友這麼說，只能回答：「是啊，很好吃。」

雖然是遷就對方，卻不覺得心悅誠服，只是接受了對方的指示。

因此，每一次的遷就，都在心底累積了更多的憤怒。

長年下來的遷就與委曲求全，正是如今內心強烈憤怒的源頭。

為了被人們喜愛，從未察覺自己因此受了多少傷，也沒發現自己壓抑下來的攻擊性，以及潛意識裡逐漸加深的「代償性（付出應有的對價關係）」防衛機制。

不過，一旦意識到內心的攻擊性，就可以說已經朝克服心情上莫名的沮喪邁出了第一步。

人們一再將不愉快的經驗轉化為愉快的感受。但歸根究柢就是那些來自童年的創傷或壓力，不斷削弱了我們的生命力。

假性成長讓你活得不像自己、永遠是對方口中的好人。你的潛意識裡變得愈來愈不快樂，但是你不會發現。

為了獲得好評價，所以活得不像自己。

處在服從的依存關係之下，因為無法做自己而罹患憂鬱症，失去了生存的動力。可是自己從未發現內心的不快樂，以及自我異化的狀態。

性格內向害羞的人會封閉自我。對旁人雖然一副和顏悅色的態度，但不會表露心情，也說不出口。

擁有「心理韌性」（Resilience）這種情緒復原力的人，面對他人和自己的負面情緒時，可以克服壓力與重大危機，回復到良好的適應狀態。

擁有心理韌性的人願意去解決問題。這正是每一天成為自己的戰鬥。

◆「沒錯，這就是真正的我！」

我在書中多次提到，大衛・西伯里指出，人唯一的義務就是成為你自己，同時也主張：「除此之外沒有任何義務，只要記住你擁有你自己。」重要的不是他人如何看待你，而是你能否認識你自己，以及在人生中，你真正想做的是什麼。

那些無法成為自己的人，無論愛或誠意都是虛假的。

那些無法成為自己的人在虛無與徒勞感的驅使下，只能透過與他人的連結刺激自己的人生。但是又基於自身的無力感，展現出支配他人的渴望，戴著以愛為名的面具成為施虐者。

更可怕的是，他們並不會發現自己是一名施虐者，或是即使察覺了也不會承認。

潛意識裡充滿絕望感的人，意識和潛意識會逐漸背道而馳。即使受到潛意識裡的絕望感影響，依舊在社會上適應良好，看起來無異於正常人，甚至被視為優秀的「社會人」。

即使看起來很有成就，卻處在自我異化的狀態，內心總是莫名焦慮，情緒也不穩定，容易因他人的言行暴怒，也動輒就會變得低落沮喪。

但是他們外表上很溫和，看起來也很有活力。

內心雖然崩壞，看起來仍安然無恙。在家裡像是一頭冷酷的狼，到了公司則擅於與人打交道。

他們即使出門在外風風光光，職場表現優異，卻未能覺察「真實自己」，以至於人生茫然且無所依循。不僅如此，他們也沒有意識到那個未能覺察「真實自己」的自己，內心就像失根的雜草。

實際上，那些人迷失在自己的人生裡。即使在社會上游刃有餘，卻對人生感到迷茫，徬徨不已。

潛意識裡絕望的自己，就此迷失在人生裡。

潛意識裡不斷煩惱：「我該怎麼辦？我該怎麼辦？」鎮日惶惶不安。

因為被焦慮逼到喘不過氣而選擇逃避，就像背後有什麼正在追趕著自己。不知所措之下，只好過著被時間追著跑的生活。

我們前面說過，焦慮的源頭是潛意識裡的絕望感，以及潛意識裡的情感衝突。說得簡單一點，絕望感誕生於受傷的心靈。當然，本人不會發現自己的心靈已經受了傷。

人們只看得見症狀。比如莫名的焦慮與迷惘，然後會開始怨懟身旁親密的人。心一旦受傷，不能只是等待能盡早治癒的時刻到來。只要一天沒痊癒，內心就無法獲得平靜。

可是，傷不會好。以為狀況要變好了，卻不見好轉。深陷焦慮的情緒中，卻找不到出口。以為前方是出口而往前走，可是那不是出口。然後又看到了別的出口，躊躇著走過去，結果仍然不是出口。

但是這段過程，可以好好感受在人生中迷路的自己，覺察這樣的自己「就是真實的我！」新的人生道路就會開展來。

只不過，很多人並不認為自己在人生中迷路了。

在精神官能症傾向較強的人眼中，比他人優越，是解決內心衝突的唯一途徑。儘管那完全是他們的錯覺與妄想。

他們再怎麼努力，依舊耽溺在說不出原因的痛苦之中正恰恰證明了這一點。而他們愈是努力，情況只會變得愈糟。做再多努力都看不到救贖的曙光。

就算去貶低他人，曙光也灑不進來。內心依舊得不到平靜。

每當以為看見曙光，手才向前伸，那道光就消失了。反而會變得更害怕不安。

「好害怕！」

說不出原因。

可是「好害怕！」

這就是他們潛意識裡「真實的情感」。但也因為是潛意識，平常出外工作時，反而覺得「好害怕！」的情感沒有真實感。

於是便忽視內心的恐懼，就算偶爾察覺到也不想承認。

在職場上，沐浴在榮耀中的自己才有真實感。因此，他們在這個朝自己步步進逼的內心世界中，走上錯誤的道路。

無視於自己真正的實力，一味追求虛幻的榮耀。也就是企圖追求超乎於自身能力、資質之上的榮耀，當然會不斷受挫。

可是他們不承認這些挫折。這股「不承認」的執著就是關鍵。

◆覺察自己（自我意識）

承認挫折，將追求榮耀的心態轉換成追求自我實現，並且覺察一直以來強加在自己身上的扭曲價值觀。

這就是羅洛・梅所說的「擴大意識領域」。

覺察「真實的自己」。

擴大意識領域，才是真正意義上的追求榮耀。

人生的道路也會變得更寬廣。

這正是「改變自己」的內涵。

倘若一味喊著我辦不到、無可奈何這種話，反而顯示出要求別人「你給我改變！」的心態。

當人們深陷於扭曲的價值觀之中，的確就會搖搖頭說：「我改變不了自己。」看似在煩惱「我改變不了自己」，真相是放不下想沐浴在光環下的自己。因為不想承認自己在追求名聲中受到的挫折，固執地以為自己只是「時運不濟」「都是別人的錯」，甚至是「如果我沒出生就好了」這些自我防衛的主張。

然而，「我改變不了自己」的意識也會傳遞出「想擺脫當下病態扭曲價值觀的企圖」。

此時，除了羅洛・梅的「擴大意識領域」，也牽涉到了卡倫・荷妮所提出的「內心的自由與力量」。

所謂擴大意識領域，指的是打開新視野。或許一直以來認為「好厲害！」的事物，其實一點也不厲害，只是許許多多價值中的其中之一罷了。

這涉及到自我意識，也就是覺察自己。

這也是哈佛大學心理學教授艾倫・蘭格（Ellen Langer）所說的「正念[*10]」。

「覺察自己（自我意識）」恰恰和否認現實相反。不斷煩惱的人受困在自己不擅長的領域，誤以為這樣的自己才有價值，耽溺在扭曲的價值觀裡。

但覺察自己的人不會壓抑自我。他們意識到的自己就是「真實的自己」。

潛意識裡的絕望感源於那些扭曲且固著的價值觀。那些透過扭曲且固著的價值觀評價自己的人，將自己深陷於絕望之中。

覺察自己，而且承認真實自己的過程最為痛苦。但是人們可以因而成長。

雖說是成長，不過接受「真實的自己」總是痛苦的。

所以人們會壓抑覺察。正因為覺察自己過於痛苦，只能從潛意識裡將那些意識驅趕出去。

但不管多麼痛苦，一旦認清「真實的自己」，最終就能擺脫自卑感。

能夠認清自己，就能對他人產生同理，建立起真誠的交流。

相反地，內心隱含深刻自卑感的人是利己主義者。他們的人生中不會有太多深入的交往。他們在關係中的努力不懈最終只是一場空。他們沒有真誠的人際交流，所以沒有珍貴的回憶。

有些被稱做「學生冷漠症」、情感冷漠的學生，在畢業後對於學生時期的經歷甚至朋友，全然沒有印象。那是沒有人生的積累。

換作是熱愛山麓、加入登山社的人們，不僅會記得所攀登過的每一座山，對於集訓更是印象深刻，因為他們在那裡結交了一輩子的摯友。

換句話說，他們在學生時代就累積各種經驗，並在這樣的基礎上迎向老後的人生。

*10 譯注：也稱做覺察力、覺知、專注當下。

10

開拓「心的視野」，正念的生存之道

——「加入新觀點」是突破一切困境的關鍵

人出於恐懼會逃避去覺察自己「真實的情感」。這同時也是「自我異化人生中的我執」。如此一來，就無須承認目前人生中的虛假與偽裝。

因此，他們在實際的感受上及說出口的話並不一致。

亦即「我真實的感覺」和「我這麼認為」並不相同。

借用卡倫・荷妮的話就是「潛意識的作戰」。

對於精神官能症傾向較強的人而言，執拗地逃避去覺察自身真實的情感，就是「潛意識的作戰」。

可一旦作戰成功，人生就會陷在同樣的困境裡停滯不前。

所謂「覺悟」，指的是覺察新價值。也就是擴大視野。

一直以來，自己抱著獨善其身的價值觀狹隘度日。所以羅洛・梅提倡「擴大意識領域」。

當自己因為不快樂或憂鬱等負面情緒而感到痛苦，藉由思考「為什麼我總是這麼痛苦？」「為什麼我這麼不快樂？」就可以「擴大意識領域」。

因此所謂的「覺悟」，是一種活躍的精神活動，絕對不是從人生的戰線上撤退。

也和過去蔚為一時話題的「悟世代[*11]」，在意義上全然不同。

*11 譯注：日本近年用語。泛指出生於一九八、九〇年代、泡沫經濟後期的年輕人，大多數不追求物質生活，對戀愛沒有憧憬，這些低欲望青年被稱為「悟世代」。

和擴大意識領域同樣重要的是艾倫・蘭格教授提出的概念：「正念」。

也就是學習從各個面向看待生活。

當你思考「為什麼？」就能看見事情的不同面向。

當你思考「為什麼？」就有可能治癒你囿於固定觀念的心靈。

我年輕的時候，明明覺得自己只有十分的實力，卻想讓人覺得我有二十分。

也因此，當時我一點也沒有讓自己的內心有時間喘口氣。

然而多年過去，我改變了我的想法。

年輕時認為自己只有十分的實力，是自己擅自做出的評價。

而認為人們覺得自己有二十分，也是透過自己的世界觀擅自做出的評價。

也就是說，我只活在自己的世界裡，看不見他人的存在。

等到我懂得看見周遭的世界，我發現每個人都會接受我原本的樣子。

◆內心強大的人面對任何事都「不會過度反應」

自戀型人格障礙者（narcissist）無法實踐正念。

因為他們沒辦法從不同的面向認識世界。

「這是我的優點，這是我的缺點」，他們缺乏像這樣認識自己的能力。

自戀型人格障礙者一旦遭受批評就會被激怒，而沒被激怒時則會變得很沮喪。

一會兒自滿，一會兒又灰心喪志，他們的情緒總是激烈地擺盪著。

若能以多面向的視角看待事物，即使被批評也不容易生氣，也不會因此突然變得消沉。

看待他人時，能夠理解對方的優缺點，不會事事拿來和自己比較。因此不會總是處在一會兒自滿、一會兒又灰心喪志這種情緒不穩定的狀態。

自始至終，自己所追求的並非世上唯一的價值，而是許許多多價值中的其中之一。而那些拒絕直面自己真實樣貌的「自我異化」者和自戀型人格障礙者，無法如此看待自己追求的價值，因此無法拓展視野和擴大意識領域。

在艾倫・蘭格教授眼中，這不是正念。那些人沒辦法增加新觀點。反過來說，心理健康的人就算時運不濟，還是可以增加新觀點。

為什麼就是做不到以不同的角度看待事情？為什麼就是沒辦法擴大意識領域？這主要來自人的「依賴心」。更進一步說是來自潛意識領域的「憎惡感」。由於憎惡周遭的世界，所以下意識想回擊，產生向這個世界復仇的情緒。

因此，對於精神官能症傾向較強的人們來說，從全新的立場看待事物就無法反擊、無法復仇。

他們就如前面所談到的，即便受挫也不會改變目標。

一般來說，人們會「知道什麼不適合自己，覺得換條跑道或許也不錯」。但精神官能症傾向較強的人並不具備這樣的柔軟性。他們不會表現出「姑且試試看吧」這種積極的態度，反而會因為「想要反擊」的執著，緊咬著原本的目的不放。無論如何都要在所有人面前為自己出一口氣，這種心態讓他們變得僵化、不知變通。

缺乏柔軟性的人，很快也會喪失生活的動力。

喬治・溫伯格就說：「對於內心的柔軟性而言，最大的挑戰就是壓抑。」(1)

◆「潛意識」會剝奪你內心的柔軟性

「稍微轉換一下想法」，為什麼人們做不到這麼簡單的事？

明明可以稍微換個方式思考，為什麼做不到？

抵制我們改變思維的內在障礙是什麼？就是潛意識裡的衝突。

只要轉個念頭，不用老是煩惱也能過日子。

但是潛意識裡的「內在障礙」阻止我們這麼做。

潛意識會剝奪你內心的柔軟性。就算努力想讓內心「變柔軟吧、變柔軟吧」，依舊找不回柔軟性。

我在前面寫過，佛洛伊德曾悲觀地說：「人總是想受苦。」很多人認為人怎麼可能這麼傻。然而那些連「稍微轉換一下想法」都做不到的人，不正是「人總是想受苦」的最佳案例嗎？

痛苦會以隱藏在潛意識裡的憤怒表現出來，而我執也是一種隱藏的憤怒。

明明稍微積極一點，生命就能變得更開闊，卻寧願讓人生在原地踏步。拒絕積極改變是來自潛意識裡的「退行欲求」。

「人總是想受苦」，痛苦的情緒會以各種方式表現出來。

比如每天嘆氣就是一種。

但是這樣什麼都不會改變。

在發牢騷之前、厭惡人們之前，先直面你的潛意識。

能夠直面潛意識之後，就「來改變人生吧！」

◆「被認同」不會增加你的價值

我在前面談到「增加新觀點才能開啟幸運之門」；反之，人若走進不幸的房間，而且就此閉門不出，看待世界的視野就會變得相當狹隘。走向幸福，抑或走向不幸，關鍵就在於其擁有的觀點多寡。

更深一層來看就是「依賴心」與「自立心」。

衡量事物的準則不是來自他人，而是握在自己手中。那是自己專屬的世界，也就是自立心。

「能達成什麼真好的成就感。」

「被認同的滿足感。」

如果不能理解兩者的差異，人生就會變得失衡。

擁有「能達成什麼真好的成就感」的人在觀點上較為多元，無論何時都能從適當的觀點出發，面對逆境的能力也較強。

選擇「被認同的滿足感」的人則不容易改變觀點和做出「典範轉移」*12。如此一來，不僅無法實踐正念，反而會陷入失念的狀態。失念的人會覺得自己是因為長得不美而被討厭，或斷定自己是沒在大企業任職才被輕視。

然而對於那些滿足於「能達成什麼真好的成就感」的人來說，比起讓自身毫無存在感的氣派豪宅，只屬於自己的簡陋小屋更加舒適。

◆某個菁英上班族找回人生的故事

某個並非超菁英出身的商業界菁英人士陷在深深的自卑感之中。這是因為他總愛拿自己和超菁英的朋友比較。

他有個權威型父親，父親對他抱著超出他能力的過高期待，因此，他無論如何都要走上菁英之路。於是他努力從學校的模範生，逐漸成長為一名優秀的商界人士。

但是「假性成長」讓他出現精神官能症的症狀，胃也出了毛病，還深受失眠困擾。光是父親不認同自己，就讓他覺得自己很渺小。

但是這樣的他，某一天卻異乎尋常地變得精力充沛，也不再失眠了。

發生了什麼事？

*12 譯注：又稱思維轉向，為美國哲學家孔恩（Thomas Kuhn）提出的概念。他指出每一項研究的重大突破，幾乎都是先打破傳統和舊典範後才取得成功。

原來他在旁人的建議下，改變了看待自己人生的觀點。

從小到大，他只有一種觀點，就是讓自己的人生步上社會認同的成功道路。

在這樣的觀點下，他的人生得不斷和所謂的超菁英們比較。可是他既非畢業於頂尖名校，也並未任職於頂尖企業。當公司送他出國進修，就讀的學校也非頂尖名校。因此在他眼中，他的人生履歷只寫上了差強人意四個字。

他的父母總愛拿他和超菁英們比較，他只好賣命工作。但深刻自卑感所造成的身心不適，始終困擾著他。

後來，他決定不再將人生綁在那條「菁英之路」上，而是從「脫離父母自立」的觀點出發，他的整個人生也為之一變。

改變看待自己人生的觀點，猶如哥白尼的地動說一樣撼動了他。

從「脫離父母自立」的觀點出發，就會察覺其實「我已經夠好了」。

他也發現，過去與父母的戰鬥就是自己的人生。

覺察人生的本質就是與父母的作戰，同時反映在他人生的狀態。覺察到自己一路走來患得患失的心理。

他發現自己的人生一直困在對成功的渴望，以及內化父母對自己的過高期待。他覺察到了自己對父母的依賴心理。

從小，他就承受著父母所施加的精神壓力，對身上背負的莫大壓力感到很痛苦。在激烈的競爭下，他沒考好大學入學考試而成為重考生，還曾經動了尋死的念頭。

他的整個人生都在和精神壓力對抗，一直過著與心理健康的人截然不同的另一種人生。

他覺察到他內心看重的價值，就是權威型父親眼中的成功人士。

他總是注視著父親眼中成功者的樣貌，因為微不足道的挫折而感到絕望；他總是注視著父親眼中成功者的樣貌，僅僅跌倒了一次便念念不忘，擔憂父親會因此對自己失望。

親子關係之外，他的人際關係也籠罩在扭曲的價值觀之下。他就是呼吸著這樣的空氣長大。

但是他改變了看待自己人生的觀點。

他了解到，自己的人生曾是一場對抗父親的艱苦戰鬥。

在諮商者的建議下，他增加了新觀點：「成就自己命運的人生。」改變看待自己與他人的立場，也不再自卑地拿自己與他人比較。

改變觀看的角度之後，他看見了過去從未看見的事物。

從原先深深的自卑感中解脫，從為了有出息的充沛精力中解脫。與此同時，身體不適的症狀之一偏頭痛也消失了，終於可以清醒而透徹地往前走。

他覺察到心理健康的商業界人士所付出的努力，和以往自己使盡渾身力氣的方向全然不同。

他覺察到始終讓自己感到自卑的那群超菁英之中，也有些人嘗試和重生後的自己一樣，以不同的視角觀看人生。

那些走上超菁英之路的人們，有些罹患憂鬱症、有些自殺，浮沉在各種各樣的挫折之中。

「自我感喪失不僅僅會加深絕望感，而且即便付出再大的努力，也只是徒勞。」

他覺察到至今困在「菁英之路」中的人生，就是自我感喪失的歷程。

他覺察到改變觀看人生的角度，不須與他人比較，就是擁有屬於自己的人生。而一旦延伸視野深入潛意識世界，世界就會改變。

很多人說：「不要和別人比較。」也有很多人說：「別人是別人，自己是自己。」

雖然很想做到這一點，但不管告訴自己多少次「別人是別人，自己是自己」，卻還是做不到。

可是當觀看人生的視角改變，自然就做得到了。讓潛意識意識化，這就是羅洛・梅所說的「擴大意識領域」。

改變觀看的角度之後，就會看見過去從未看見的事物。

與此同時，可以開始與那些完全不同於過去、和善又誠懇的對象來往。這也是自己第一次敞開心胸的人際關係。了解人們內心的羈絆，很清楚無論對方或自己都是獨特的。

世界會變得完全不同。

在這一刻，就能展開從絕望迎向希望的旅程，看見人生旅程中嶄新的里程碑。

11 比起「自我肯定感」，提高「自我接納感」

——「如果想變得幸福，請好好煩惱如何達成吧！」

奧地利精神病學家維克多・弗蘭克（Viktor E. Frankl）認為，「創造之人（homo faber）*13＝工作者」是一種只能劃入「成功與失敗」的領域。

*13 譯注：漢娜・鄂蘭在《人的條件》中，將勞動者和工作者稱為「勞動之獸」（animal laborans）和「創造之人」（homo faber）。「創造之人」從拉丁語翻譯過來就是「會製造工具的人」，而且根據鄂蘭的意思，「創造之人」是有形的勞動與實踐的鑑定者，不是「勞動之獸」的同僚而是其上司。

並將「承受之人（homo patiens）＝煩惱者」視為站在「充足與絕望」立場來思考的人。

承受之人儘管經歷重大的挫折，依舊能豐足自己的人生。

弗蘭克認為，從層次地位來看，承受之人優於創造之人。

舉例來說，任誰都覺得失戀很痛苦。

但對於談戀愛失敗卻因此擴大視野的人來說，本質上這就是戀愛結成的果實。

失戀結成的果實帶來的是幸福，而非絕望。

這些人不會僅僅著眼於「成功與失敗」，更在乎人生的意義和價值。

愈深的苦悶，會帶來愈大的人生意義與價值。

不過弗蘭克也指出，這種思維對於眼中只有「成功與失敗」的人來說只是「一派荒謬的想法」。

事實上，斥之為荒謬想法的人往往會將幸福拒於門外。

每個人都受過傷。而很多人卻選擇了錯誤的方式來面對內心的傷痛，因此一旦受傷，內心就會變得更加脆弱。

也就是受傷之後，為了不再受傷而在心理上採取防衛的姿態。但愈是防衛，就愈容易受傷，同時更難以敞開心胸。

倘若你希望感受人生的價值與意義、進而得到幸福，那無論是失業還是失戀，都儘管去煩惱吧。那些痛苦值得存在於你的人生。

然而說到底，人生所面臨的煩惱其實都是成長過程中會遇到的煩惱。不單單是失業後埋怨前公司的煩惱，也不只是失戀後想報復前任的煩惱。

◆「改變想法」，世界煥然一新

如果能擴大視野，你會發現自己至今以來敬畏且尊敬的人，其實只是個難以自立、少了權力就無以為繼的弱者。

相反地，你也會看到即使不曾功成名就，也過得相當快樂的人，並且也能了解到這個世界上有很多這樣快樂的人。

為什麼他們能夠活得坦率自在，自己卻總是擔心暴露缺點而鎮日疲於奔命？
明明都是社會上的一分子，他們和自己有什麼不同？
擁有迥異於自己的人生，這些人以什麼樣的心態在生活？
自己捨棄不了的東西當中，他們捨棄了什麼？
他們眼中重要的事物和自己有什麼不同？
即使露出一樣的表情，彼此內心的差距有多大？
他們的心如醇酒般散發香氣，自己的心卻是枯竭的。
自己一直以來輕蔑貶低的人，真的不值得尊重嗎？
不就是因為自己內心那扭曲的價值觀，才對他人加以貶低？
當人生找不到出路時，反向而行不就有路走了？
他們深信不疑的事，和自己深信不疑的事有何不同？

到底內心深處的焦慮本質是什麼？

換個角度思考，就能踏上獲得救贖的道路。

◆不再受「自己的情感」擺布！

中年之後人生陷入迷惘的人，其潛意識裡的絕望感會妨礙心理成長。

這也是卡倫・荷妮提出的「內在障礙」。

人的我執，就是受到內在障礙支配下的心理狀態，也是潛意識裡經年累月的創傷所支配的心理狀態。

和我執截然相反的是「忘記自我[*14]」。在這種心理狀態下，可以覺察「真實自己」

*14 譯注：指暫時忘卻自己在社會上的角色或地位，融入自然或群體。「自我」在心理學中主要指個體對自己存在狀態的認知，或是個體對其社會角色的自我評價。

的情感，並且釋放它。這也是一種自我實現。

人會因為不經意的一句話被傷得很深，變得焦慮不安，耿耿於懷而不斷煩惱，然後情緒變得低落，絲毫提不起勁。就算嘗試放寬心「那種傢伙的話就忘了吧」，但不知為何就是忘不掉。

挫敗的情緒不會消失。殘留的情感、挫敗的懊悔感深深影響著自己……人們無可救藥地任憑情感擺布。

希望別人認為自己是勤奮努力的實幹家，一旦被批評偷懶就變得鬱鬱寡歡。

當對方的想法不符合自身期待，心情就為之一沉。

自己所有的情緒都源於他人的反應，因此，這些反應是否符合自身期待很重要。

這就是具有強烈我執的人。

嘴上雖然說「真是受夠了，辭職吧」，負面情緒也幾乎快淹沒自己，可自己依舊無法採取行動。即使想要自我實現，但每當機會出現，卻又會打退堂鼓。

那些隱藏在負面情緒之下的本質是什麼？

下定決心探索、覺察它，然後接受它，不管那會傷害「虛假的自尊心」多深、又是多麼教人驚訝。

人生將變得開闊。

深入了解「真實的自己」和「現實的自己」，朝著解決煩惱的方向前進。

如此一來，就可以依照「自己真實的情感」而活。

可是做得到嗎？還是做不到？

將它視為人生最初的課題。

如果不承認內心的覺察，執拗地捍衛精神官能症傾向強烈的自尊心，人生不管經過多久都看不見曙光。

人生依舊找不到出路。

無法解決人生中心理課題的人，只能一直順著別人的意思思考。

問題就在於：那樣執拗的態度下「隱藏了什麼」？

為什麼放不下自我中心的價值觀？

擁有強烈我執的人，不會採取可以解決內心衝突的態度。

為什麼明明毫無意義，依舊悶著頭自尋煩惱？
為什麼沒能發現隱藏在這種心理之下的本質？
這當中肯定有什麼不想被任何人知道，也不想被自己知道的理由。

「自己為什麼總是在煩惱？」
「為什麼自己會這麼焦慮？」

無論是誰，都很難說出真實的感受。
任何人都不容易開誠布公地談論內心深處的問題。
成長過程中，潛意識裡會背負起種種心理上未解決的問題，並在社會上表現出另一個自己。

誠實與自己對話，理解內心所背負的問題。
我們將可以了解自己。

而且這麼做，心情也將變得豁達。

若不去了解自己，什麼都無法開始。

如果連自己是鼴鼠還是老鷹都搞不清楚，要怎麼知道自己要在天空飛、還是應該鑽進土裡？

了解自己本身並不是目的，而是一種釋放自發性成長力量的方法。

◆「了解自己的努力」是幸福人生的必修課

每個人都有力量。

問題在於能不能發揮力量。

要想發揮力量，了解自己絕對是必要條件。因為知道自己是貓，所以能爬到樹上來去自如；若是狗，就能知道爬樹沒自己的份；身為一隻鼴鼠，就別想在空中飛。

讓潛意識意識化，就是「了解自己」。

拒絕了解自己的人，人生走到盡頭依舊得不到救贖。

我們最須要做的努力，就是「了解自己的努力」。

知道自己是猴子就不要去游泳，不去游泳就不會感到自卑。

知道自己是魚就別去爬樹，不去爬樹就不會感到自卑。

不要因為自己不會爬樹而感到遺憾。

「唉，為什麼我不會爬樹呢？」總是像這樣自怨自艾，只是在浪費自己寶貴的人生。

別和會爬樹的猴子比較。

每個人都擁有不同的命運。

接受命運，接受不幸，你就能知道該怎麼做。

大衛・西伯里也曾這麼說過：

「過往的經歷也好，家族遺傳也好，接受現在的你自己。」

那些光說著「我做不到」而不去努力的人，並不是他們已經承認自己盡力了，僅僅只是因為他們不想對人生負起責任。

接受自己，也就是不管自己是誰，都要相信自己的價值。也就是強化自我的內在力量。

但不須要為了追求名聲和權力，讓自己陷入「孤立無援」的處境。

關鍵在於與人交往時所付出的努力，同時改變至今所努力的方向。

接受自己，就會變得充滿活力及熱情幹勁，而且懂得真切地感受。

了解自己內心真實的渴望，就能確立自我同一性（identity achievement）。而清楚區分自己擅長與不擅長的領域，也有助於自我同一性的確立。

然後能從中獲得解決人生中各種問題的能力。

學會捨棄應捨棄的事物，學會接受應接受的事物。

不是鳥卻想在天空飛，只是無端增加人生的風險。這是因為自己並不知道自己真正想做的事，也是因為長年以來，自己並未認真傾聽內心的聲音。

但是要做到這一點，就必須戰勝「內在障礙」。人們對外聲稱「我認為這就是我」

的主張和「真實的我」之間有著極大的差距。

意識中自信滿滿地喊出「我有把握」，但潛意識裡的自己卻坐在地上抱頭吶喊「我根本沒自信做得到！」

「真實的我」和外界眼中的我有著極大的差距。

就像在化妝舞會上，變裝後的人們忘了自己只是假扮的角色。

扮成女裝的男性，很清楚自己只是假扮成女性；然而那些對人生徬徨失措的人，不會發現原來自己穿的是女裝。

當感到人生走投無路、陷入困頓，只要能夠理解到「自己是不是哪裡出了問題？」就是改變的第一步。

人際間相處不順利時，容易產生自以為是的正義感。

「比起IQ，EQ更重要」的風潮曾引領時代。而EQ的要點就是認識自身的情感（認識情緒）。

那些總說著「我做不到」、一味麻煩或要求他人的人，並不是他們承認自己無能為力，僅僅是因為他們就是自私自利、獨善其身的人。

接受自己，就是不管自己是誰，都會因為這樣的自己而感到喜悅。

12 決定人生的是「現在，活在當下的自己」

——你一定能夠變幸福！

孩提時期的焦慮都有原因。比如「趕快做完這個、快點去做那個」這種來自身邊的人的壓力。

但可能當時的自己做不到，反而造成了內心容易焦慮的性格。

「你連這點小事都做不好嗎？」當中自然也有來自父母的壓力。

即使長大成人、成為獨當一面的社會人士，內心卻還是和幼年的自己一樣容易焦慮。那些壓力不是來自外界，而是父母過去對自己的控制內化的結果。

只是對於原本的自己感到害怕與焦慮。只是對於覺察真實的自己感到害怕與焦慮。

借卡倫．荷妮的話來說，這就是「內在壓力」。

出社會之後，儘管面對複雜的人際關係，感受依舊和幼年的自己一樣，籠罩著孩提時期的焦慮。明明活在現在，內心彷彿還停留在過去。

要想擺脫這樣的困境，就要理解到目前自己所承受的壓力其實源於「內在壓力」。然後嘗試面對它、解決它。

「如果沒有覺察到我們在不同時空背景下，遭受同樣的刺激時所產生的不同情緒，就會成為自己所創造出來的情感聯想的犧牲者。」

也就是說，我們雖然深受不愉快的情緒所困擾，感到身心俱疲，甚至壓力大到快要爆炸。但事實上，我們可以換一種感受方式。

艾倫・蘭格教授進一步說了：「情感源於束縛。」

靜下心來，整理孩提時期心理尚未解決的問題。

「我們成年人在人際關係上遇到的困境，必須從小時候的人際關係來理解。我們成年人的人際關係，就是小時候與重要的人之間的關係中未解決的困難轉移而來的結果。」

也就是說，即便長大成人，人際關係上所面臨的各種困境，還是源於自己未能擺脫幼兒期重要的人的心理束縛。

無論如何，擺脫幼兒期重要的人的心理束縛，可謂攸關人生的大事。

小時候無法信任父母的人，長大後突然要他們「信任別人」，簡直比登天還難。

所以最大的心理課題是：「能夠信任別人。」

而解決的方法是：「找到你能信任的人！」

◆別將自己的人生交付在別人手中

說得更深入一點，就是停止「從他人身上尋求自我同一性（自我認同）」。不須要賦予他人「不合理的重要性」。

關於我們在社會上遇到的挫折，若借用德國精神病學家特連巴哈（Hubertus Tellen-bach）的話就是：「在自我同一性的形成上，他人的因素變得過度重要。」

被他人喜愛才能感到安心，心理上才得以安穩。我們要對於這樣的生存方式有所自覺，並且停止繼續下去。

我在書中也不斷讓各位思考：

目前煩惱背後的根源是什麼？

目前煩惱背後根源的本質是什麼？

深陷於煩惱的人，經常以為目前的煩惱就是問題所在。

然而，深陷於煩惱的人其實被囚禁在過去。如果沒辦法理解這一點，就無法獲得拯救；相反地，一旦能理解，就能踏上救贖之路。

那些深陷於煩惱的人，必須清楚知道自己目前緊緊抓住不放的到底是什麼。

「任何反應都不能指望就此擺脫過去，重拾自由。」

我在前面也多次談到，比如自己目前的主張，的確是自己真正的主張嗎？

自己真的這樣想嗎？

嘴上雖然說著「應該是這樣」，但實際上真的認為「應該是這樣」嗎？

現在說「應該是這樣」，也許只是出於「潛意識裡的絕望感」，為了捍衛自己才這麼說也不一定。也許「潛意識裡的絕望感」就是本質也說不定。這樣可以理解嗎？還是無法理解？

我們有時是樂觀主義者，有時又是悲觀主義者。然而抱著悲觀主義的態度時，真的就是悲觀主義者嗎？

奧地利心理學家阿爾弗雷德・阿德勒曾說，悲觀主義者會巧妙偽裝攻擊性。

當人們發表悲觀消極的言論，實際上很有可能是為了批判或攻擊某些人，甚至是批判眼前的對象。

可是那些批判是他們「真實的心情」嗎？

無法直接破口大罵「你很討厭！」的時候，就換個方式責備對方：「為什麼會把水灑出來呢？」。

對周遭懷有敵意的人會藉由責備對方，掩飾內心「你很討厭！」的厭惡感。

美國精神科醫師哈里・沙利文（Harry Sullivan）率先提出「並列」的概念。

所謂並列的人際關係，指的是人們在當下人際關係中「扭曲」的表現。

一般來說，「並列的扭曲」（parataxic distortion）是指表面課題下存在的真實課題，以及真實課題對表面課題造成的巨大影響。

不管面對任何難題，解決之道就在於掌握「問題的核心是什麼？」

事情發生時，首先要思考：「事情的本質是什麼？」

事情並不是本質，而是現象。現象和本質並不一樣。

所以面對問題時，不管發生什麼事，重要的是思考「事情背後的本質是什麼？」

而當發生「並列的扭曲」，這段關係其實往往已經出了狀況。

批判的背後是「批判者的本質」。也許是受到潛意識裡的恐懼感所驅使，才通過批判來捍衛自己的價值。

開始理解這樣的本質之後，就能在人生的迷途中看見真正的出口。

覺察自己的本質，並且接受它，就是在為步上豐足的人生做好準備。

要邁向有意義的人生，關鍵在於覺察自己的本質，以及覺察自己真實的情感。

與此同時，這也是第一次能真正了解到，當下人際交往對象的本質。

覺察自己的本質，覺察自己真實的情感，然後你將感受到完整的自我。

另一方面，自我異化的人就算說出多了不起的話，也感受不到完整的自我；就算人生達到多高成就，依舊無法認知到「這就是我」這樣完整的自我存在。

簡單來說，自我異化的人終究是自我欺騙。然而「停滯不前的人生」正凸顯了自己無法再繼續欺騙下去的真相。

「就算可以欺騙內心的焦慮，卻也付出了喪失想像力的寶貴犧牲。」

◆壞事也是「寶貴的資產」

實踐正念的人，會將不快樂的事視為邁向快樂人生的過程。無論遇上任何困難，他們都會豁達地思考：「能夠覺察到現在的我真好。」

相反地，失念的人則會被困在當下不愉快的情緒之中。

失念的父母即使面對孩子，也會等到孩子都「拒絕上學」，而且說出「我不想去學校」這種話時，才會赫然驚覺事情的嚴重性。

正念的父母重視的是過程。他們認為這是整個家庭的問題，只是孩子以拒絕上學的方式表現出來。而那正是家族邁向幸福之路必經的過程。

孩子拒絕上學，換個視角卻成了「令人慶幸」的事。

若能夠換個角度思考想成那「都是為了解決家庭裡真正的問題」，就是成功解決問題的開端。

人生總有差錯。

此刻要思考「為什麼？」

然後克服它。

不努力克服的人們，人生無法走向圓滿。

對於橫亙在眼前的問題敷衍了事，人生的道路將會愈走愈艱辛。

否認現實，也只會活得愈來愈累。

卡倫・荷妮所說的精神官能症傾向較強的人喜歡受苦，就是這個意思。

精神官能症傾向較強的人，會藉由受苦來表達潛意識裡累積的憤怒。

所以當他們能夠表達隱藏的憤怒，其實內心是相當愉快的。而光是那短暫的抒發，就能讓他們稍微喘口氣，卻也在人生的困境中陷得更深。

艾倫・蘭格教授提出的正念，就是羅洛・梅說的擴大意識領域。

擴大意識領域的方法很多，比如站在對方的立場思考。要做到這一點並不容易，但這是為了理解彼此而作的努力。

以夫妻關係來說，先生在雙方出現歧見時，不妨從妻子的立場來看問題。

如果不幸成為交通事故的肇事者，也要換位到被害者的角度檢來審視這場意外。

無論如何，站在對方的立場思考絕對不容易，但這正是擴大意識領域相當重要的一環。

這是我從某位整形外科醫師口中聽到的真實案例。他說在他的病人當中，能夠站在對方立場思考的人，術後恢復得比較快。

儘管是交通事故的受害者，那些仍顧慮到「肇事者的保險能順利獲得理賠嗎？」的人，身上的傷好得比較快。

相較之下，不斷譴責對方的人，復原速度反而不如預期。

最難擴大意識領域的人，就是那些以受害者姿態，一手拿著正義的盾牌，同時將一直以來壓抑在內心的憎惡，也就是隱藏的憤怒一股腦兒發洩出來的人。

艾倫・蘭格教授就在著作中寫到以下的案例。

新英格蘭地區的冬天極為寒冷，一些當地大學的教授因為討厭惡劣的天氣紛紛辭去教職。

對於那些厭惡新英格蘭冬天的人們，各位不妨站在他們的立場來思考。或許他們並不是真的討厭寒冷的冬天，而是討厭必須穿上難以活動的冬裝。但若他們擁有能充分禦寒的短外套、暖氣更強的車子，或許他們就會改變想法也說不定。

新英格蘭的冬天哪裡令人討厭呢？

事實上，新英格蘭的冬天優美如畫，還因此吸引許多嚮往這一帶冬景的年輕人前來就讀大學。

不只是美景，不少大學生也會為了盡情滑雪而特地來當地讀書。有人討厭冬日的寒冷而搬離，也有人喜歡這裡的冬天前來定居。

不要只是說著「討厭、討厭」，而是要思考「為什麼討厭？」你開始思考「為什麼？」的時候，觀點就增加了。

增加新觀點才能開啟幸運的門。

◆決定人們幸福與否的是「潛意識」

現實人生並不是決定一個人幸福與否的關鍵。

舉例來說，因為微不足道的失敗就被公司解雇的可能性幾近於零，但有些人還是會不安地想著：「該不會被解雇吧？」自顧自地擔心不已。

其中也有不少員工明明工作上毫無失誤，卻還是害怕被老闆開除。

或是嚴格說起來不是什麼大不了的業務內容，但有些人仍會提心吊膽地想著：「到底能不能順利進展呢？」

衡量自身的實力一點也不困難，但他們在面對問題時卻總是嚷嚷著：「怎麼辦、怎麼辦！」一臉忐忑不安，甚至前一天因此失眠。

具體來看，並不是身體狀況稍微下滑就難以完成的工作，可是他們卻會在意到得了失眠症。

他們心裡並不存在「總會有辦法的」這樣的安心感。

簡單來說，比起擔心事情本身，那些想太多、愛操煩的人對於自身在世界上立足的基礎始終焦慮不已。

和人們幸福有關的是他們的潛意識。

比如你正因為某件事擔心不已。你擔心某人會到處說自己的壞話，又擔心那些話可能會傳到自己喜歡的人耳裡，擔心影響自己在公司的名聲。

你的擔心看似都合乎情理。於是每一天都因為擔心而身心俱疲。

但是你不會去思考：「為什麼我會這麼擔心？隱藏在擔心背後的本質是什麼？」

大衛・西伯里的著作中有這麼一句話：

Worry don,t win.

擔心結不出勝利的果實。

他還說：

「為什麼我自始至終都讓擔心干擾自己的心？」

那是因為你放棄了你自己。

你擔心的是那個「自我異化」的自己，也就是「自我喪失」的自己。

一起床就開始擔心，做什麼都心不在焉，卻又下意識別過頭，逃避內心深處的絕望感和恐懼感。

大衛・西伯里甚至說：「做不了自己，還不如當個惡魔。」

假使你能問自己：「為什麼我自始至終都讓擔心干擾自己的心？」就能擴大意識領域，讓視野變得更寬廣。

這才是停止擔心的做法。而自我異化的人無論再怎麼擔心，依舊無法停止擔心。因為讓他們擔心的真正原因根本不存在。

所有的精神官能症患者都有壓抑的性格。

喬治・溫伯格認為：「不願直視某種真實的人都是精神官能症患者。」他的意思是，這些人試圖無視某些重大的情緒感受。

所謂真實，在大多數情況下就是內心深處的絕望感和恐懼感。

每天都拚了命努力，但都做到了這種地步，還是為了明天擔心得睡不著。這時若能覺察到：「其實我很絕望。為了擺脫那種絕望，我瘋狂地追逐名聲地位。」

不斷追逐超越自身實力的目標，所以每一天都為了明天而焦慮不已。

能夠這麼想，就表示意識領域擴大，視野變得更加寬廣，也能愈來愈接近真實的自己。

拚了命也做不到的事，肯定是超出自己能力之外的事。請活出真實的自己，不要再為明天憂慮。

明天的煩惱交給明天的你，那就是「真實的你自己」。

大衛・西伯里曾說：「真實的我可能會感到恐懼。但要說恐懼什麼，絕對不是真實的我。」

擔心或不擔心不是問題。無法成為你自己才是問題。

這時彷彿從噩夢中驚醒似的。

因為「真實的自己」正朝自己走來。

那些夢是我們潛意識的表現。在夢中，我們和看不見形體的鬼怪展開殊死戰。

不管在意識領域，抑或是潛意識領域，都持續和看不見形體的鬼怪戰鬥。

正是這種時刻，我們要擁有直面自己的勇氣。這是了解「真實自己」的時刻。

和什麼樣的人在一起能夠覺察自己過往未曾覺察的情感、願望和欲望？

偶爾待在瀰漫著自由氣氛的地方，人會有所成長。也許是簡陋的房子，或是狹窄陰暗的房間。如果換作是奢華的環境，內心就無法成長。

和什麼樣的人在一起，內心能夠成長？

那就是自己很清楚，無論說什麼，對方都不會評價自己；即使表達出真實的情感，對方也毫無非難；顯露了缺點，對方依舊不放在心上。就是這樣的人。

和他們在一起時，不會對自己的缺點感到難為情。

自己已經非常努力，不過還是失敗了。而在他們面前，就可以大聲地說：「我失敗了！」這些都是流露出自己「真實情感」的時刻。

精神科醫師會對患者說：「心裡想到什麼就說什麼。」但是患者說不出口。

「尤其是完美主義者，他們什麼都不會說。」

完美主義者對任何事都展現強烈的防衛心。

努力追求完美，是針對自我輕視、自我厭惡所豎起的保護盾牌。

對於周遭的批評也保持高度戒備。

然而大衛・西伯里指出，「堅守完美」的原則自始至終就是災難。

當你覺得人生好痛苦，覺得自己活得好累，去尋找可以傾訴這些話的人，去尋找能夠傾訴這些話的地方。

如果待在樹下讓你很放鬆，那就坐在樹下。如果你想說給狗狗聽，共享你的情感，就讓牠成為你最親密的朋友。對你而言，最好的朋友不一定要是人。

◆你可以走出你的生存之道

有些人會堅決地說「錯了」，澈底否定「真實的自己」。然而大多數人對於自己其實不明就裡，僅僅有著模糊的認識。

前者因為不想承認，所以盡可能背對真實的自己。

尤其是精神官能症傾向較強的人，不僅會無視真實的自己，也完全不想承認這樣的自己。

對於許多生活艱難的人來說，「不想承認」其實正是痛苦人生的潛在因素。

但如果有人能夠在他們面前點出原因，那就是將精神官能症者拉出深淵的，最堅實溫暖的雙手。

原本沉默寡言的人，在某人面前卻可以輕鬆自然地交談。那是因為他在某人面前時，感覺原本的自己被「全盤接受」。

社會上不接受的事，可以對那個人說；道德規範不接受的事，也可以對那個人說。

因為從小到大不曾抗爭過，心理上也不曾長大。一直以來，這樣的人對於自己可能傷害他人，感到相當惶恐。儘管如此，在那個人面前無論說什麼都不覺得惶恐。

過去總是擔心不加思索地發言會被嘲笑，但和那個人在一起時，完全不用擔心這一點。

這和一直以來不接受自己真實面貌的世界，是全然不同的另一個世界。

簡單來說，這是自己面對和成長環境完全不同的世界首度擺出的姿態。

因此，本該說的話無須多加修飾，自然而然就能開口。長久下來，內心蓄積已久的情感獲得抒發。這種關係正是心理成長的場域。

沒有自我防衛的態度，心理就得以成長。

此時也是他們形塑建設性成長心態的時刻。

內心採取防衛姿態時，「意識的死角」就會出現。

就像開車，視線的「死角」常常是肇事的原因。

卡倫・荷妮也提出「個人盲點」的概念。

那輛車明明就有很多視線死角，駕駛依舊若無其事地在道路上行駛，肇事只是早晚的問題。

同樣的，有些人的潛意識裡背負著許多問題，也好好地在社會上生活。但畢竟內心死角很多，人際關係出現狀況也只是剛好而已。

不斷煩惱的人會過度自我中心。爬山時口渴了，但山友沒有分自己水喝，於是心想：「為什麼只有我這麼辛苦？」不斷煩惱的人以為「只有自己沒水喝」。但爬山時誰都可能遇到這種情況，而真相或許是其實大家都沒水喝。

當發現周遭的人可能比你更辛苦，只好自己找水喝。

此時苦不堪言的你，是否忘了曾在山路下方聽見澗谷的溪流聲？

側耳傾聽，然後改變你的觀點。

接著增加更多觀點，你就將獲得救贖。

但是這麼簡單的事，人們卻很難做到，只能等待典範轉移來走向救贖之路。

但是人們的潛意識會阻礙典範轉移。那是自己不坦率的人生中未曾覺察的阻礙。

「好累！好辛苦！」對人生充滿憤懣的人們以為只有眼前這條生存之道。事實上還有許許多多的生存之道。

可是他們的潛意識拒絕注視這樣的現實。

每當嘗試轉移目光，看向「許許多多的生存之道」，不想承認的情感就同時開始作祟。

於是決定「我只適合這樣活著」，潛意識背負的問題就決定了你的決定。

為什麼會出現「我只適合這樣活著」的想法？

歸根究柢，或許自己已經發現了「自己一直以來從未選擇過的屬於自己的生存之道」，或許潛意識也發現了。

但一天不釋放潛意識裡的創傷，就看不見前方的道路。

從缺乏動機進階到積極動機，是人生中最大的挑戰。

這也是培養自發性的過程。一個人並不容易達成，但是不完成這個過程就無法解決人生可能面臨的各種問題。

所謂培養自發性，是從依賴心走向自立心的道路，是從退行欲求走向成長欲求的道路。

同時也是佛洛姆所說，從衰退症候群走向成長症候群的道路。

依賴和自立間的衝突，就是退行欲求和成長欲求間的衝突。

一旦解決不了衝突，就會演變成精神官能症。

馬斯洛認為，自我實現者能夠忍受矛盾、忍受模稜兩可，所以他們可以接受心理衝突，而且不會形成精神官能症。

在此意義下，假性成長恰恰是一種精神官能症。所謂假性成長，即是「通過未實現的需求而成長」。

「人會說服自己相信未實現的基本需求，實際上已經實現或是根本不存在。這是相當常見的現象。」

假性成長和病態的正常性（pathologische Normalität），都會帶給心理很大的負擔。一旦超過極限，就會導致心理防衛機制崩潰。

人生中最大的挑戰是，接受自己的命運，然後一次又一次從谷底站起來。這是一條從逃避現實走向直面現實的道路。

後記

希望你不要傻傻地對自己的人生感到失望 希望你發現不同以往，更加寬廣的世界

本書帶領各位思考了許多內心的問題。更進一步來說是內在核心裡未完成的自我。為什麼是未完成？那就是「潛意識」裡的問題。在理解這一點的同時，為了好好地走向人生最後一刻，也要思考在這段過程中必須抱著什麼樣的態度，以及踏上什麼樣的道路。

讀完這本書之後，我衷心希望你不要傻傻地對自己的人生感到失望。就算你對自己感到失望，只要轉換視角，人生就會充滿希望。

一直以來，你都被關在一個小小的世界裡。而我想讓你覺察到，是你將你自己關在了裡面。

同時我也希望你看見，外面那個不同於過往、更為寬廣的自由世界。

要覺察你的潛意識，你須要擺脫恐懼，直視你成長的環境。

這本書會幫助你覺察自己的潛意識，並且幫助你克服人際關係的難題。

可以說，這是重建自我人格必讀的一本書。

這本書也將帶領你在萬念俱灰的困頓人生中，直面焦慮，戰勝焦慮。

當你即將被焦慮的情緒所吞噬，覺察潛意識裡的憤怒，透過將憤怒表面化，戰勝你的焦慮。

如何妥當地處理憤怒的情緒，是人生中最大的挑戰。

當憤怒表面化，勢必要承受一些損失。但正是這些損失，反而能讓人們變幸福。不害怕被討厭、被怨恨，你就能成為你自己。這是你給自己的鍛鍊。而這會讓你的內心成長。

如果你因此害怕、壓抑憤怒，然後一點一點喪失自我感，對方反而不會將你放在眼裡。

無法面向你的焦慮，是因為你還沒確立自我價值。因為你還沒成為你自己。

而當你迷失自我、融入群體之後，又會變得如何？

憤怒從依賴心和焦慮而生。

小時候，自己是呼吸著什麼樣的空氣長大的呢？是呼吸著充滿憎惡的空氣長大？還是呼吸著充滿愛的空氣長大？

也許你覺察之後會大受衝擊。也許你會覺察到自己是在充滿暴力或冷漠的環境下長大，然後對於內心那未完成的自我大受衝擊。

但那其實並不是衝擊，恰好相反。

在那些戴著名為愛的面具的施虐者身邊，拚命壓抑、忍耐，經過孜孜矻矻的努力長大成人。你應該要讚美這樣的自己。

這本書正是要讚美這樣的你。

這本書也是對於一直以來處在暴力和冷漠的環境下，儘管潛意識裡的憤怒不斷累積，依舊好好長大的你想說的話。

有毒的人際關係是人變得不幸的原因，不幸則是有毒的人際關係的結果。這樣的因果反過來也說得通。有毒的人際關係是不幸的結果，不幸是有毒人際關係的原因。

無論如何，你都設法在可怕的人際關係中活到了今天。但你不能過度評價這樣的過程。

因為這本書要肯定的是真實的你。

◆「做你自己」，這樣就好

如果你現在有精神官能症的困擾，不要否定自己正受到困擾的現實。你也可以借鑒那些從精神官能症順利復原，並且活得很好的人。

「我有精神官能症，但我很好」，這樣的思考就是起點。

能夠承認並接受「我有精神官能症」的現實，已經是往前跨出很大的一步。很多人堅稱自己沒有精神官能症，然後自怨自艾地說做什麼都提不起勁。

如果是自欺欺人也沒關係。

不再欺騙就好。畢竟長久以來，我們都生活在如此巨大的壓力之下。

「我為什麼要欺騙自己？」「我為什麼會開始說謊？」從這樣的思考出發。

然後一切都將變得明朗。比如有人小時候是在有心人的控制下，卑躬屈膝地長大。若只是一味否定自己：「我是個騙子，我很懦弱，實在差勁透了。」就等於推翻了自己過去的人生。

如果是自欺欺人也沒關係。畢竟很多人生陷入困頓的人都堅稱：「我沒有說謊。」

我不是美女。有些女性會抱著這樣的自卑感。

但也有人覺得，我雖然不是美女，但我擁有其他優點，而且樂觀開朗。

因為自己不是美女而感到自卑的女性，沒辦法過著不在意外貌、僅僅安於頭腦靈活的開朗人生。當她們潛意識裡不再視外貌為唯一的價值，典範轉移就發生了。

典範轉移的原因存在於「潛意識」，也就是這本書的主張。

◆「愈努力愈煩惱」法則

我在前面有寫到意識與潛意識相互背離的具體案例。在本書最後，我想再談談意識與潛意識的背離案例。

人們不是對於突如其來的實存（subsistence）欲求感到不滿。而是對於長久以來經歷自我異化後的實存欲求感到不滿。長期壓抑下，逐漸喪失意識到自身真實情感的能力。

首先，美國心理學家費登伯格在著作《身心俱疲》中寫出了一名女性瑪爾莎的真實病例。

她是一名出色的三十歲世代後半（約三十六～四十歲）女性，卻在和年輕男性墜入愛河之後，將自己六歲的女兒愛倫丟下不管前往加州。

為什麼她會做出這麼離譜的事？

「我想要工作，我想要珍惜自己身為成功職場女性的形象。我想繼續工作。」

她抱著這樣的想法。

孩子一出生，她就在丈夫的要求下待在家裡當個好媽媽。當時她認為她的選擇是正確的。她的性格從小就很順從。

長年以來，她並不碰觸自己真實的情感，但內心深處壓抑著異常強烈的憤怒。儘管她從未覺察，但心底早已被憤怒的風暴席捲。

最後她變得對一切漠不關心，對外界事物的反應也很遲鈍。

這時她戀愛了。

內心的不滿、憤怒，以及想重返職場的願望，全都混淆在一起。

她在意識上並未不滿於目前的人生，然而在潛意識領域中，卻對自己的人生極度失望。

她的意識與潛意識逐漸背離。

她否認內心「想要工作」的強烈渴望，否認那是「正確的事」。

自己在意識領域並不期望工作，自己也並不想要外出工作。

但是在潛意識領域，她想要工作。

為了做到「別人覺得正確的事」，她否定了內心的真實渴望。

最後再分享一個案例。

美國的經典暢銷書《每一天練習照顧自己》（*Codependent No More: How to Stop*

Controlling Others and Start Caring for Yourself）中寫到一位名叫潔西卡的女性，潔西卡的父親有酒精成癮的問題。

關係成癮（codependent，又稱共依存症）的人，通常成長於因親人酒精成癮等因素而喪失家庭機能的家庭。

潔西卡也有關係成癮的問題。她經歷父親酗酒的悲慘童年，下定決心日後的結婚對象絕對不能酗酒。儘管她努力避開這類男性，卻在婚後蜜月旅行時，震驚地得知丈夫法蘭克也有酒精成癮的問題。法蘭克傍晚離開飯店，隔天清晨六點半才帶著一身酒氣回來。

潔西卡對於婚姻有著許多憧憬。從小到大，她做過許多結婚的夢，可是美夢終究無法實現。

為什麼她明明就不想和酒精成癮的人結婚，卻還是受到這樣的男性吸引？

聽到潔西卡的經歷，人們想必會說「太蠢了吧」，或說「我才不會被騙呢」。但很多人都和潔西卡一樣犯過類似的錯誤。

和酒精成癮症患者離婚的配偶當中，有百分之五十的再婚對象同樣是酒精成癮症患者。

和酗酒的丈夫離婚時，妻子決定人生再也不要和這種人扯上關係。可是再婚的對象還是酒鬼。這樣的女性居然多達百分之五十。

表面上說「再也不要和這種人扯上關係」，但每每和這樣的人在一起時，心裡卻感到比較輕鬆。

心理生病的人和心理生病的人在一起時，反而會安下心來。

離婚之後，即便意識到「終於解脫了，死也不要再和酒鬼交往」，潛意識裡還是會接近酒精成癮的人。

只要他們的潛意識領域沒有改變，不管結婚幾次都是一樣的結果。這和不斷換公司、工作上重複經歷同樣不愉快的上班族，以及一次又一次在職場上受挫、最後在家閉門不出的人是一樣的心理狀態。

夫妻離婚時常用的理由是「性格不合」，但實際上卻幾乎都不是如此。

只是些隱藏在表面下尚未確立的自我價值，經由離婚的形式表現出來。那些人隱藏在潛意識領域的未完成的自我的本質，會顯現在人際關係上。所謂壓抑，指的是衝動的自覺遭到壓抑，而不是衝動本身遭到壓抑。

壓抑意味著從意識中排除衝動，但並非為了抹殺其存在。

佛洛伊德曾說，當事人雖然不會意識到被壓抑的衝動，但長久下來依舊會對內心產生深遠的影響。而被壓抑的衝動對人造成的影響，不見得會小於表面的意識活動。

和不適合的人離婚雖是好事，但如果自己一點也沒改變就再婚，依舊會迎來一樣的結果。

所謂改變，攸關於是否能夠擁有「自己的內在力量」。倘若一樣放不下強烈的我執，無論是再婚、換工作，都只會反覆遭受同樣的挫折罷了。

因為人際關係而辭職，到了下一個職場，還是和同類型的同事在一起。

不要將責任推給偶然或運氣不好。只要你一直拿「都是碰巧、算我倒楣」來搪塞內心，就無法展開全新的人生。

潛意識領域裡懷有敵意的人，不可能敞開心胸與他人交流。

藏在潛意識領域裡的敵意會破壞你與他人的溝通能力，還可能有害身體健康。

他們在意識領域上「希望和他人更親近」，潛意識領域裡卻充滿敵意。

從而對內心的衝突展現在自己的人際關係上，毫無所覺。

明明很努力經營人際關係，卻一點也不順利。而隨著內心的衝突愈發嚴重，努力也只是適得其反。

愈是努力，衝突愈嚴重。

想著「我都這麼努力了」，逐漸心生不滿。

很多不幸的人，光是改變心態後就能過著幸福的人生。我想透過這本書，分享他們獲得幸福的方法。

加藤諦三

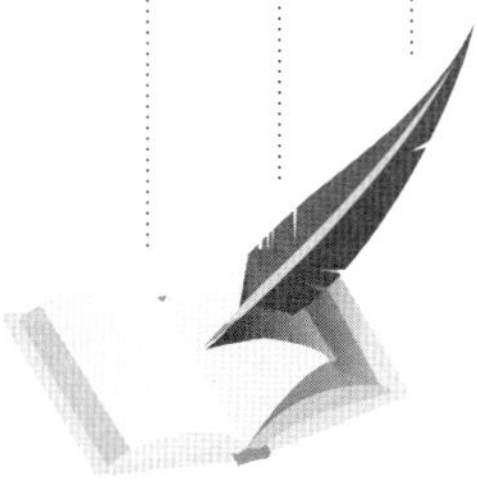

國家圖書館出版品預行編目（CIP）資料

與你的潛意識和解：肯定真實的自己，開啟幸
福人生／加藤諦三作；周奕君譯 .
-- 初版. -- 新北市：
世茂出版有限公司, 2022.09
面；　公分. --（心靈叢書；7）

ISBN 978-986-5408-99-2（平裝）

1.CST: 潛意識　2.CST: 人生哲學　3.CST: 生活指導
176.9　　111008440

心靈叢書 7

與你的潛意識和解：肯定真實的自己，開啟幸福人生

作　　者／加藤諦三
譯　　者／周奕君
主　　編／楊鈺儀
責任編輯／陳美靜
封面設計／林芷伊
出 版 者／世茂出版有限公司
地　　址／（231）新北市新店區民生路 19 號 5 樓
電　　話／（02）2218-3277
傳　　真／（02）2218-3239（訂書專線）單次郵購總金額未滿 500 元（含），請加 80 元掛號費
劃撥帳號／ 19911841
戶　　名／世茂出版有限公司
世茂網站／ www.coolbooks.com.tw
排版製版／辰皓國際出版製作有限公司
印　　刷／傳興彩色印刷有限公司
初版一刷／ 2022 年 9 月

I S B N ／ 978-986-5408-99-2
定　　價／ 360 元